OCICLODASQUINTAS
PARAGUITARRISTAS

Aprenda e Aplique Teoria Musical na Guitarra

JOSEPH**ALEXANDER**

FUNDAMENTAL**CHANGES**

O Ciclo das Quintas Para Guitarristas

Aprenda e Aplique Teoria Musical na Guitarra

Publicado por **www.fundamental-changes.com**

Copyright © 2019 Joseph Alexander

Tradução: Elton Viana

ISBN 978-1-78933-174-5

Os direitos morais do autor foram assegurados.

Todos os direitos reservados. Nenhuma parte desta publicação pode ser reproduzida, armazenada em sistemas de armazenamento, ou transmitida em qualquer forma ou meio, sem a expressa autorização por escrito da editora.

A editora não é responsável por sites (ou conteúdos) que não são de propriedade da editora.

www.fundamental-changes.com

Mais de 11 mil curtidas no Facebook: **FundamentalChangesInGuitar**

Instagram: **FundamentalChanges**

Para ter acesso a mais de 350 Videoaulas Gratuitas de Guitarra Visite:

www.fundamental-changes.com

A imagem do Ciclo das Quintas foi inspirada e adaptada do incrível trabalho de Sienna Wood, disponível em: www.musiccrashcourses.com

Copyright da Imagem da Capa: Shutterstock: Indigolotos

Sumário

Introdução	**4**
Acesse os Áudios	**6**
Capítulo Um: Notas e Intervalos	**7**
Capítulo Dois: Escalas e Tonalidades	**20**
A Escala Maior – Visão Geral	20
Construção	21
Construção da Escala Maior em Outras Tonalidades	24
Capítulo Três: Construindo o Ciclo das Quintas	**28**
A Ordem dos Sustenidos	34
Escalas Relativas Menores	34
Capítulo Quatro: O Ciclo das Quartas	**41**
A Ordem dos Bemóis	49
Movendo-se em Ambas as Direções no Ciclo das Quintas	52
Como Utilizar o Ciclo das Quintas	53
Algumas formas de descrever as mudanças de tonalidade:	56

Introdução

Os músicos, muitas vezes, falam sobre o Ciclo das Quintas de forma misteriosa, como se ele fosse algum tipo de Pedra de Roseta, capaz de fornecer as respostas a todos os mistérios da teoria musical.

Na verdade, tais guitarristas não estão longe da verdade.

O Ciclo das Quintas, em essência, é um diagrama que mostra as relações entre todos os tons, armaduras de clave, modulações (mudança de tonalidade), escalas e acordes.

Após entender como o "Ciclo das Quintas" é construído, você irá entendê-lo perfeitamente. Dessa forma, você poderá utilizar rápida e facilmente o Ciclo das Quintas como guia, para ajudar-lhe a compor músicas melhores, praticar de forma mais eficiente, utilizar tonalidades interessantes e entender, de fato, como as músicas são compostas.

Em resumo:

O Ciclo das Quintas é a base para o funcionamento de *toda* a música.

Enquanto eu pensava em uma abordagem para escrever este livro, fiz algumas pesquisas sobre como outros escritores e músicos tinham abordado o ensino do Ciclo das Quintas, e, embora eles geralmente façam um excelente trabalho de explicação, ainda não encontrei uma fonte útil que mostre a *aplicação* do Ciclo das Quintas como uma ferramenta musical *prática*, que irá lhe ajudar a tocar melhor.

Se você já leu algum dos meus mais de 30 livros, você provavelmente já aprendeu que a teoria é inútil sem a prática. Por essa razão, este livro é diferente. Não só lhe mostrarei como construir e compreender o Ciclo das Quintas, como também lhe mostrarei como usá-lo em suas músicas e composições.

Vou ser sincero: O Ciclo das Quintas é um conceito muito teórico, portanto este livro abordará a teoria de forma particularmente detalhada... mas eu prometo que abordaremos cada tema devagar e continuamente, a um passo por vez e veremos conceito por conceito.

Após terminar este livro, você terá dominado e assimilado as regras e *convenções* fundamentais da música, existentes há mais de 800 anos. Você entenderá as relações entre:

- Armaduras de Clave
- Tonalidades
- Como se Mover para Escalas Relacionadas (Modulação)
- Escalas
- Acordes
- Escalas Relativas Menores

Além disso, você será capaz de *utilizar* este livro de uma forma *prática* na guitarra, para praticar e compor músicas de forma mais eficiente.

A única coisa que desejo que você tenha em mente é que "acordes móveis de quinta soam bem". Se você em algum momento pensar: "Por que estou aprendendo isso?", lembre-se que toda essa teoria fará com que você se torne um músico melhor.

Se você de fato não entender algum conceito deste livro, envie-me um e-mail, e eu farei o meu melhor para lhe ajudar.

A teoria musical é simplesmente uma forma de explicar como as notas, acordes e escalas se relacionam. Grandes compositores já compuseram músicas belíssimas, e muitas vezes é trabalho do professor tentar explicar como eles as escreveram.

Não aprendemos teoria musical somente para entender o "*porquê*". Também a aprendemos para nos aproximarmos das músicas que gostamos.

A teoria *explica a* música, mas a teoria *não* é música.

Por essa razão, incluí muitos exemplos de áudio neste livro, os quais desejo você ouça. Para entender a música, não se pode vê-la apenas num pedaço de papel. Também é necessário ouvi-la, interiorizá-la e ser capaz de relacionar a teoria com os sons da vida real.

Pela mesma razão, aconselho-o fortemente a explorar as ideias musicais práticas apresentadas neste livro. Elas são como sementes que renderão criatividade para uma vida toda.

Não perca tempo, baixe os áudios agora mesmo. Os detalhes estão na próxima página e você me agradecerá mais tarde!

Ok... Vamos começar!

Divirta-se!

Joseph

Acesse os Áudios

Os arquivos de áudio para este livro estão disponíveis para download gratuitamente em www.fundamental-changes.com. O link está no canto superior direito. Simplesmente selecione este título no menu e siga as instruções para ter acesso ao áudio.

Recomendamos que você baixe os arquivos diretamente no seu computador, não no seu tablet, e extraia-os lá antes de adicioná-los à sua biblioteca de mídia. Você pode colocá-los no seu tablet, iPod ou gravá-los em um CD. Na página de download há um arquivo de ajuda em PDF, e também oferecemos suporte técnico.

Para ter acesso a mais de 350 videoaulas gratuitamente, visite:

www.fundamental-changes.com

Mais de 11 mil curtidas no Facebook: **FundamentalChangesInGuitar**

Instagram: **FundamentalChanges**

Capítulo Um: Notas e Intervalos

Vamos começar o nosso estudo do Ciclo das Quintas, certificando-nos de que compreendemos os pontos essenciais sobre a terminologia musical.

A menor unidade de intervalo na música ocidental é o *semitom*. Um semitom é tocado na guitarra, quando nos movemos 1 casa, acima de uma nota.

Se você começar tocando a corda E grave solta e então tocar a nota da 1ª casa, da 2ª casa e da 3ª casa, até a 12ª casa do braço da guitarra, você terá se movido em *semitons*.

Exemplo 1a:

A nota da 12ª casa da corda E grave é a nota E, que é a mesma nota da corda E grave solta, tocada no começo da sequência acima.

A nota E da 12ª casa está em uma *oitava* acima da nota E tocada na corda E grave solta.

Exemplo 1b:

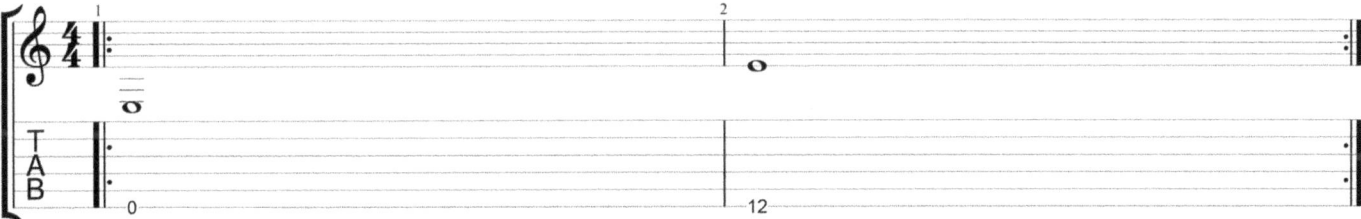

No exemplo 1a, você de fato tocou a chamada "Escala Cromática". Uma escala cromática é uma escala onde você toca *cada* semitom existente entre duas notas a uma oitava de distância. No exemplo 1a, você tocou a escala cromática de E, porém você pode começar tocando qualquer nota. Se você tivesse começado na corda A, você teria tocado a escala cromática de A. Se você começasse na corda D, você teria tocado a escala cromática de D.

Você não precisa começar tocando uma corda solta, também é possível começar tocando a nota G, na corda E grave, para tocar a escala cromática de G:

Exemplo 1c:

A palavra *"cromática"* significa "tocar todas as notas entre a tônica e a sua oitava".

É provável que você ouça argumentos de por que a escala cromática não é muito utilizada na música. Alguns dizem que ela não é muito melódica e não possui tanta identidade.

O que você deve assimilar desses exercícios é que: *em uma oitava há 12 semitons.*

1	2	3	4	5	6	7	8	9	10	11	12	1
E	F	F#	G	G#	A	A#	B	C	C#	D	D#	E

Na guitarra, a escala cromática de E tem essa forma:

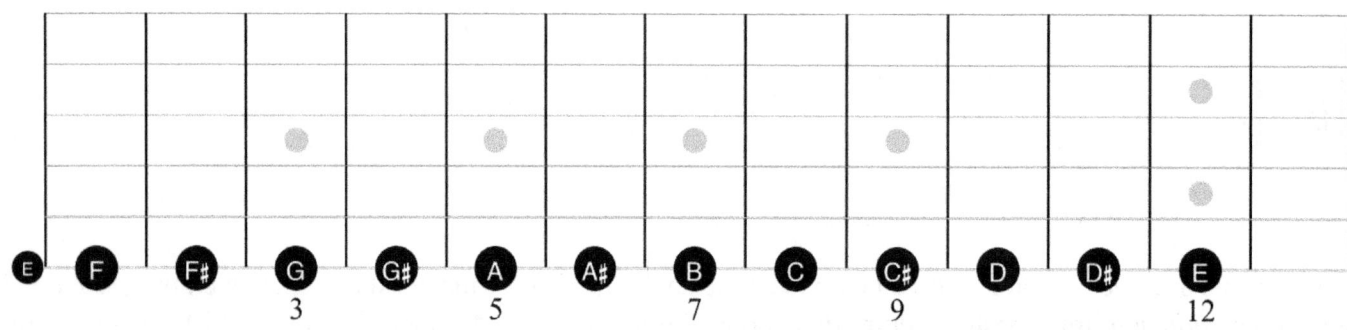

Repare que não há nenhuma nota com sustenido (#) entre as notas B e C e E e F. Não se preocupe com isso por enquanto. A explicação disso está na Física.

A segunda menor unidade na música é o *tom*. Um tom é igual a dois semitons, e podemos executá-lo na guitarra tocando duas casas acima de uma nota específica.

Comece tocando a corda E grave solta novamente, mas desta vez se mova em tons até a oitava da nota E, na 12ª casa.

Note que a nota B# poderia estar incluída na notação e, apesar de isso ser tecnicamente correto, ela é normalmente notada como C. Veja a seção sobre Enarmonia, mais adiante, para descobrir o porquê.

Exemplo 1d:

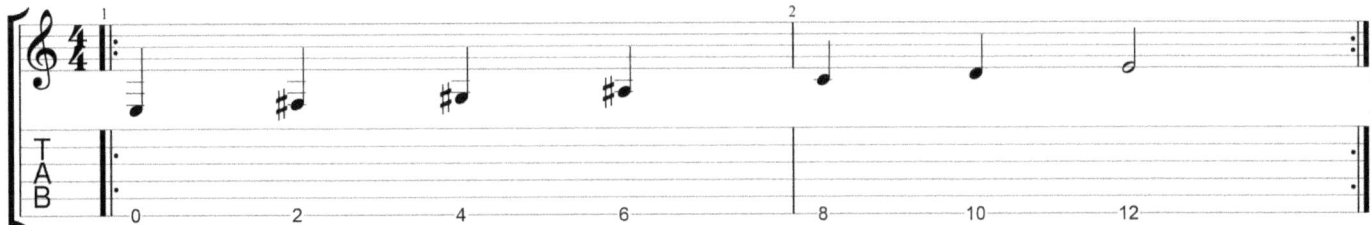

Repita o processo anterior em outras cordas soltas e comece tocando a nota G na corda E grave.

Exemplo 1e:

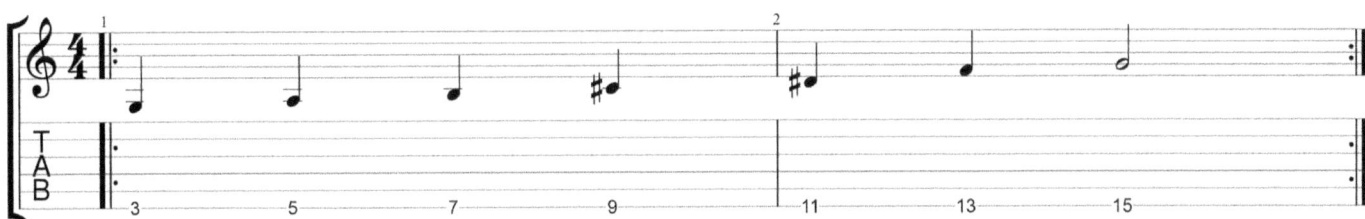

Parece um tanto estranho, não é mesmo?

Também temos um nome especial para uma escala que se move apenas em tons. Esse tipo de escala se chama: "Escala de Tons Inteiros". Não é um nome muito criativo, mas é muito descritivo.

Agora, sabemos como nos mover em semitons e tons no braço da guitarra, mas, como você já deve ter percebido, executar *somente* escalas de semitons ou de tons soa um pouco insólito.

Talvez você já conheça o tipo mais comum de escala na música: a escala maior. Uma escala maior (e todas as outras escalas) é composta por diferentes padrões de tons e semitons.

Abordaremos as escalas maiores em breve, mas, agora, é muito importante aprender o que é uma "quinta". Afinal de contas, é isso que esse livro aborda!

Lembre-se que há doze semitons em uma oitava.

Uma quinta é simplesmente uma distância dentro de um grupo de notas. Por exemplo:

C – D – E – F – G, logo a nota G é a quinta, em relação à nota C.

Acontece que, quando vamos até a quinta, tal distância é de sete semitons.

Na música, a distância entre duas notas específicas é chamada de *intervalo*.

Toque a corda E grave solta na sua guitarra e, em seguida, toque a nota B na 7ª casa.

Exemplo 1f:

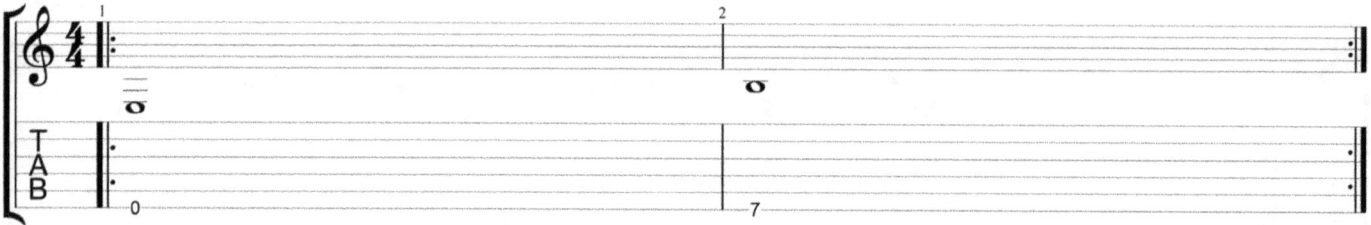

A nota B é a *quinta justa*, em relação à nota E.

Isto funciona em qualquer corda. Repita o processo nas cordas A e D:

Exemplo 1g:

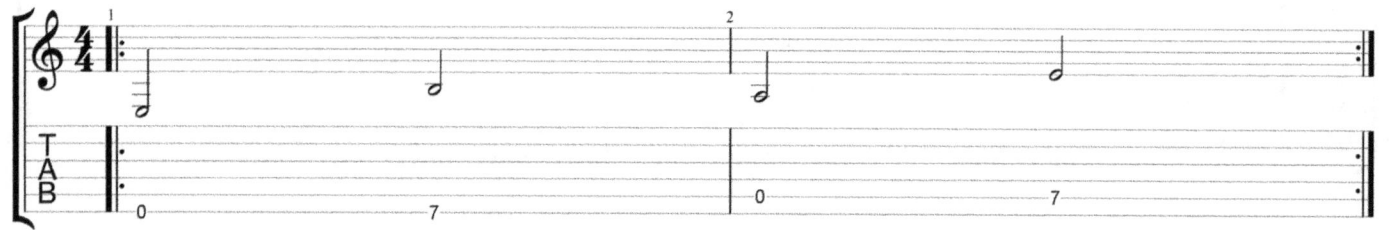

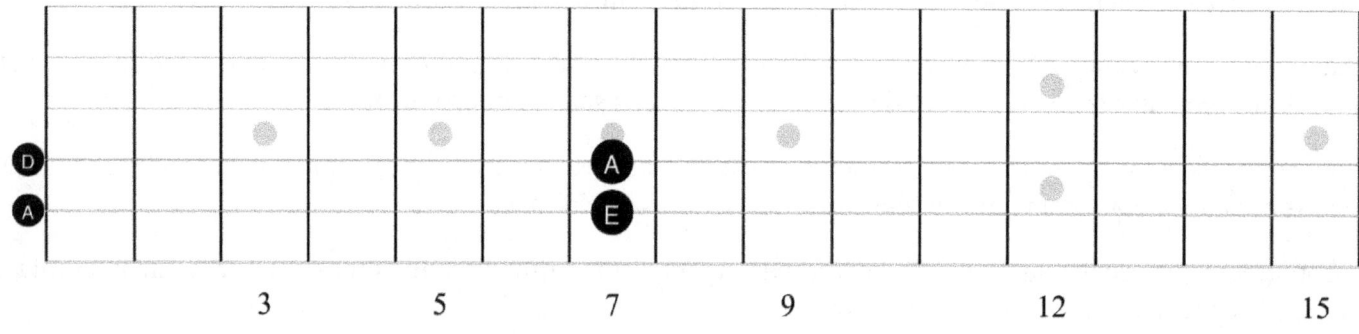

A distância entre A e E é um *intervalo* de *quinta justa*.

O *intervalo* entre D e A é de uma *quinta justa*.

O *intervalo* entre G e D é de uma *quinta justa*.

Podemos facilmente saber quais são as quintas, ao contarmos 5 notas após a nota inicial de uma escala.

Por exemplo:

Conte 5 notas, a partir da nota C:

C – D – E – F – G

A nota G é a quinta justa de C.

Conte 5 notas, a partir da nota A:

A – B – C – D – E

A distância entre A e E representa o intervalo de quinta justa.

No entanto, um aviso!

Este sistema de contagem não é perfeito, pois não leva em consideração os sustenidos (#) e os bemóis (b), portanto é preciso ter cuidado.

Por exemplo, você pode acreditar que a quinta na escala de B maior seja F, mas não é. A quinta de B é F#.

Prometo a você que isso ficará claro muito em breve, portanto não se desespere. O Ciclo das Quintas contém todas as respostas, e em breve você descobrirá os seus segredos!

No momento, veremos algumas formas diferentes de tocar os intervalos de quinta na guitarra.

Aprendemos que uma quinta pode ser tocada ao contarmos 7 casas e que a quinta de G é a nota D.

G – A – B – C – D.

De quais outras formas podemos tocar as notas G e D na guitarra?

Que tal da forma a seguir?

Exemplo 1h:

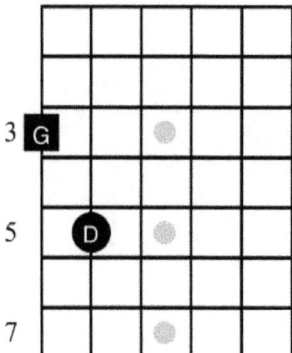

Desenho de Quintas nas Cordas Graves

Isso é muito útil! Você pode reconhecer o desenho acima como um *power chord*. Na verdade, *power chords* são feitos apenas com a tônica de um acorde (neste caso o acorde de G) e a quinta (D). Como você já deve ter notado, o desenho acima é móvel. A música *All My Life*, do Foo Fighters, gira em torno desse desenho em particular.

Isso significa que podemos sempre encontrar um intervalo de quinta, ao tocarmos esse desenho, quando a tônica estiver nas cordas E grave, A ou D.

Por exemplo, a seguir temos o intervalo de quinta, em relação à nota tônica C:

Exemplo 1i:

5ª de A

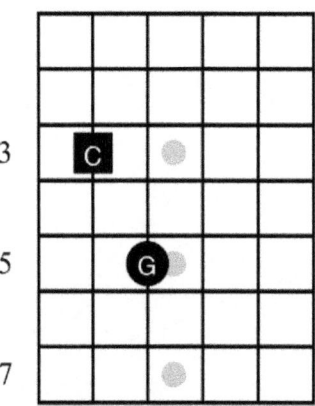

Desenho de Quintas nas Cordas Graves

E aqui está o intervalo de quinta, em relação à nota tônica F#.

Exemplo 1j:

Desenho de Quintas
nas Cordas Graves

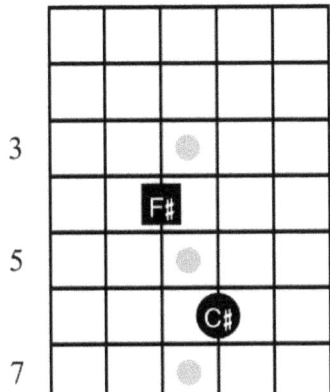

Se você conhecer as notas das duas cordas mais graves na guitarra, fica muito fácil encontrar um intervalo de quinta justa. Isso é muito útil, portanto, como referência, aqui está um diagrama com as notas das duas cordas mais graves da guitarra.

Notas das Cordas Mais Graves

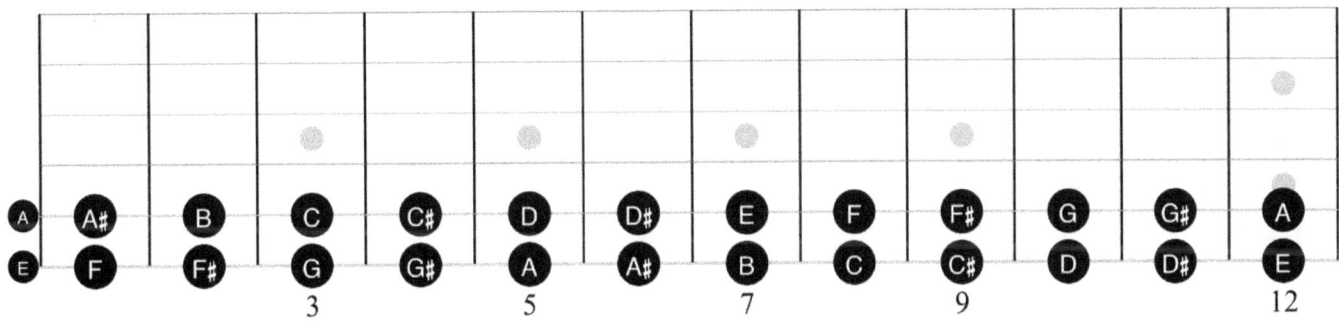

No entanto, há outra forma de tocar um intervalo de quinta, quando a tônica está na corda A.

Após localizar a nota G na corda A, procure a nota D:

Exemplo 1k:

Desenho de Quinta
Partindo de Uma Corda
Mais Aguda

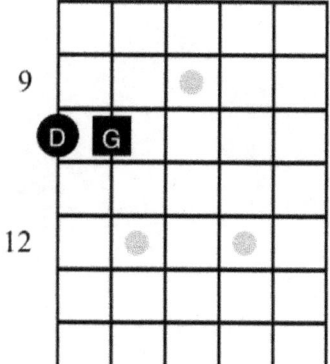

Sempre é possível tocar um intervalo de quinta, indo de uma corda à outra. Isso funciona nas cordas A, D e G. (No entanto, a afinação padrão na guitarra impede a execução desse sistema na corda B!).

A seguir, temos um exemplo de como poderíamos voltar da quinta (G) de C para a própria nota C:

Exemplo 1l:

Desenho de Quintas
Partindo de Uma Corda
Mais Aguda

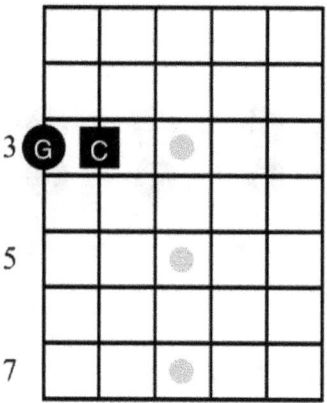

Mesmo que essas notas estejam em um movimento descendente, em vez de ascendente, o intervalo continua sendo de uma quinta justa.

Até o momento, descobrimos três formas diferentes de encontrar uma quinta justa.

1) Subir 7 casas.

2) Tocar o desenho de um *power chord* qualquer.

3) Tocar uma corda abaixo ou acima de outra corda.

(Você também pode contar 5 notas, a partir de uma nota, mas você deve ficar atento às notas com sustenidos e bemóis).

E agora?!

Por que procurei explicar isso tão cuidadosamente?

Bem, o movimento das quintas é um dos sons mais fortes e importantes na música. Ele é usado há mais de 800 anos e já ajudou muitos músicos a escrever músicas fantásticas. Ele é praticamente a base de todo o jazz, pop e rock.

Para exemplificar o que quero dizer, vamos fazer um movimento ascendente no braço da guitarra, em intervalos de quinta, a partir da nota C. Para fazê-lo, utilizaremos como ajuda os padrões que acabamos de estudar.

Não se preocupe com as notas que você for tocar, apenas foque em aprender o padrão a seguir.

Exemplo 1m:

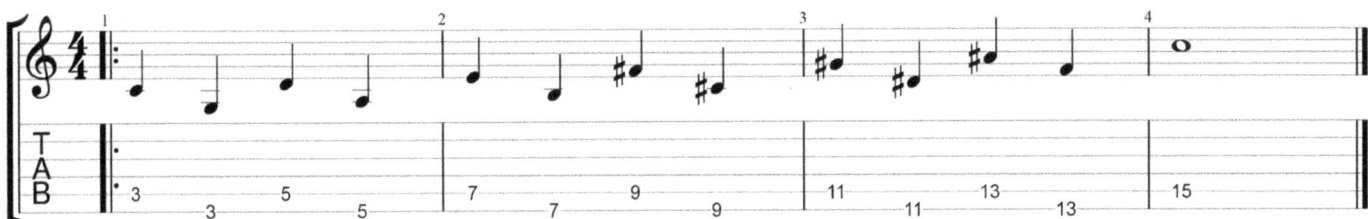

Observe que você retorna perfeitamente ao ponto de partida (a nota C), depois de tocar 12 notas diferentes. De fato, o que você acabou de tocar são 12 notas diferentes, que formam um ciclo, o qual lhe traz de volta ao ponto de partida.

1	2	3	4	5	6	7	8	9	10	11	12	1
C	G	D	A	E	B	F#	C#	G#	D#	A#	E# / F	C

(Lembre-se que não há nenhum sustenido entre as notas E e F, portanto a nota E# é de fato a nota F).

Talvez você já esteja começando a perceber por que esse ciclo se chama **Ciclo das Quintas**. Se você ir em qualquer direção, em quintas, por tempo suficiente, você sempre retornará ao seu ponto de partida.

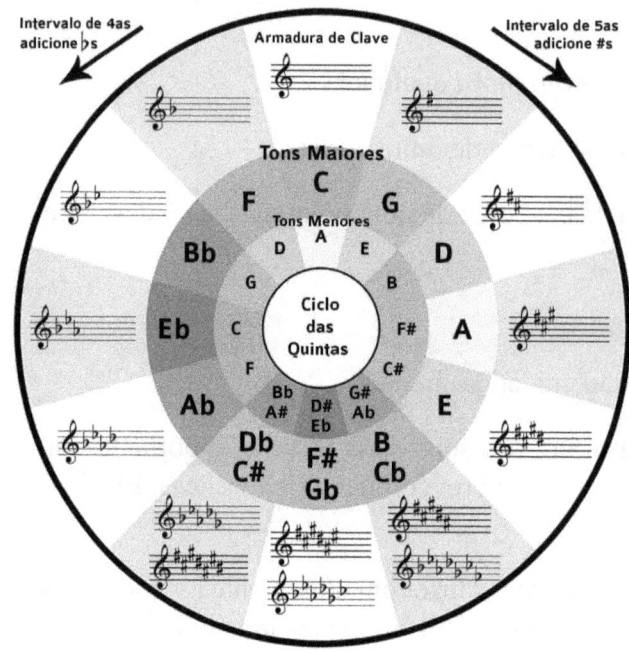

No momento, estamos abordando apenas a superfície do Ciclo das Quintas, mas iremos abordá-lo em detalhe nos próximos capítulos.

Por diversão, vamos tocar um acorde maior com pestana, em cada nota do ciclo das quintas acima. Se você achar isso um pouco complicado, ouça os áudios de exemplos disponíveis em: **www.fundamental-changes.com/audio-downloads,** para ouvir como os acordes devem soar.

Aqui estão dois desenhos de acordes que você precisará aprender:

Exemplo 1n:

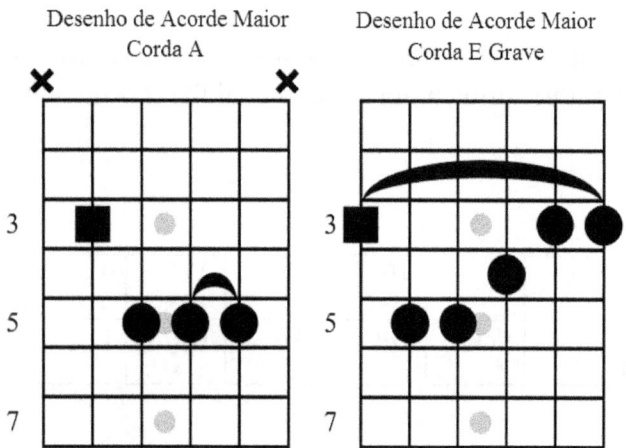

Comece tocando o acorde de C maior, montando o seu desenho na 3ª casa da corda A. Em seguida, toque o acorde de G maior, fazendo uma pestana de seis cordas, na 3ª casa, na corda E grave. Então, continue se movendo para o D maior, na corda A, e depois para o A maior, na corda E grave. Continue nesse movimento ascendente, seguindo a sequência de notas tônicas apresentadas no exemplo 1m.

Isso lhe soará muito familiar, se você já ouviu algum tipo de música clássica. Os compositores clássicos utilizavam essa ideia *o tempo todo*.

Agora repita o exercício anterior, com os seguintes acordes *menores*:

Exemplo 1o:

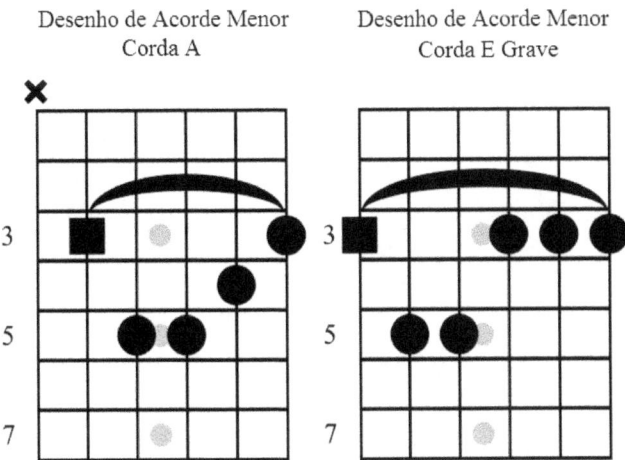

Isso soa bem obscuro, não é mesmo?!

Agora tente essa ideia com acordes de sétima dominante:

Exemplo 1p:

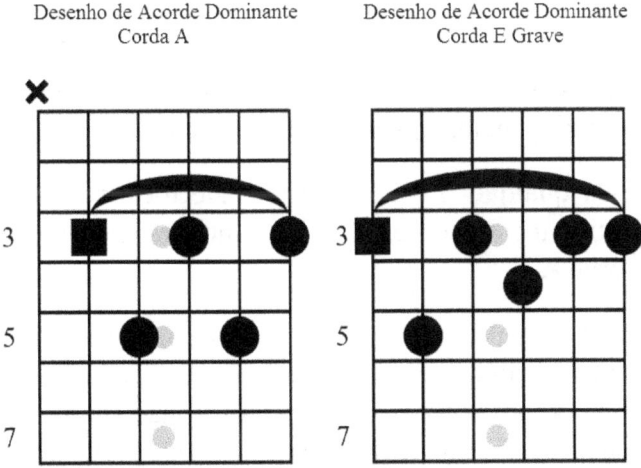

Tente tocar a sequência do exemplo 1m de trás para frente, partindo da nota C aguda até a nota C grave, com todos os três tipos de acordes apresentados.

Finalmente, executaremos um movimento descendente *combinando* acordes menores com acordes de sétima dominante. Utilizaremos acordes menores na corda A e acordes dominantes na corda E grave.

Exemplo 1q:

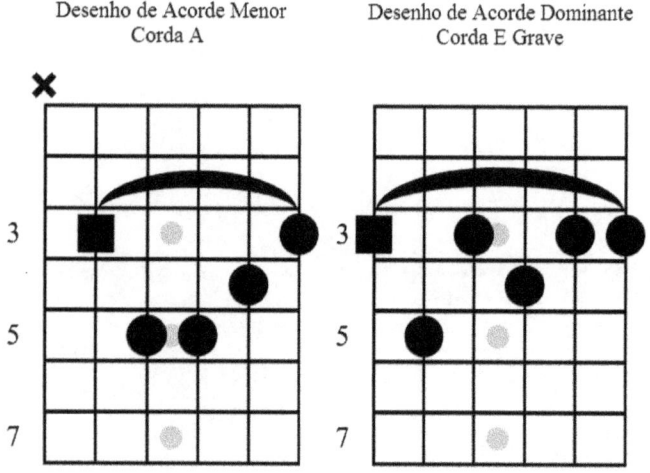

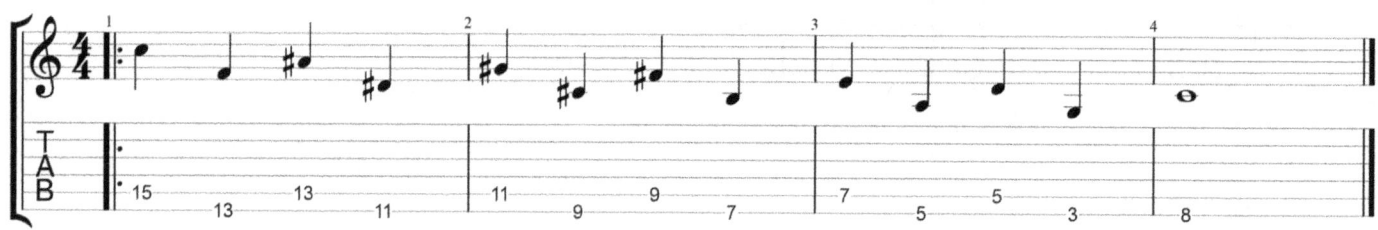

Este exemplo contém a nota E#. Apesar de a sua presença ser tecnicamente correta, esse nota é normalmente notada como F. Isso é explicado na seção sobre Escalas Enarmônicas.

Eu *adoro* esse tipo de som. Ele é muito comum na música clássica, e os músicos neoclássicos, como Yngwie Malmsteen e Ritchie Blackmore, costumam utilizar esse tipo de ideia em suas composições. Toque o exemplo 1o novamente, mas desta vez substitua os acordes menores pelos maiores, abordados no exemplo 1n.

Também é possível ir de acordes menores para maiores a qualquer momento. Continue tocando acordes dominantes em todas as notas da corda E grave e experimente tocar acordes maiores e menores nas notas da corda A. Finalmente, tente tocar acordes dominantes na corda A.

As possibilidades são infinitas, e você pode se divertir muito utilizando essas ideias em suas próprias composições, acordes e solos. Se você conhece um pouco de harmonia jazzística, você também pode começar experimentando acordes dominantes *alterados*! Para saber mais sobre esse assunto e adquirir mais criatividade musical, confira os meus livros: **Acordes de Guitarra Contextualizados** e **Dominando Acordes de Jazz na Guitarra**.

Bem, esses últimos exemplos saíram um pouco do assunto, que é explicar a teoria do Ciclo das Quintas, mas lembre-se, este é um livro *prático*. É muito importante que você ouça esses sons, para que você possa compreendê-los e assimilá-los.

Lembre-se de uma regra básica: mover-se em quintas sempre soa bem.

Espero que eu tenha conseguido lhe mostrar algumas aplicações divertidas com quintas, sem confundir-lhe com excesso de teoria musical.

Agora, você já deve ter aprendido que:

- As menores distâncias entre notas na música são o semitom e o tom.
- Semitons e tons formam a base de todas as escalas.
- O nome da distância entre duas notas é chamado de intervalo.
- Um intervalo de oitava corresponde à distância de 12 semitons.
- Um intervalo de quinta possui 7 semitons.
- As quintas podem ser tocadas, ao utilizarmos padrões no braço da guitarra.
- As quintas podem mover-se em direções ascendentes ou descendentes.
- Se você ascender ou descender em quintas, você voltará ao seu ponto de partida, após ter tocado 12 notas.
- Soa bem tocar acordes maiores, menores e dominantes com quintas.
- Você pode compor longas sequências, ao combinar esses três tipos de acordes.

Teste!

Qual nota é a quinta, a partir da nota C?

Qual nota é a quinta, a partir da nota A?

Qual nota é a quinta, a partir da nota E?

Qual nota é a quinta, a partir da nota F#?

Encontre três formas de tocar uma quinta, a partir da nota A.

Encontre três formas de tocar uma quinta, a partir da nota E.

Encontre três formas de tocar uma quinta, a partir da nota D.

Capítulo Dois: Escalas e Tonalidades

Uma escala é composta por uma série de intervalos, entre dois pontos musicais fixos. Esses dois pontos fixos são sempre a mesma nota, mas em *oitavas* diferentes. Por exemplo, esses pontos poderiam ser ambos a nota C, sendo uma mais aguda do que a outra:

Exemplo 2a:

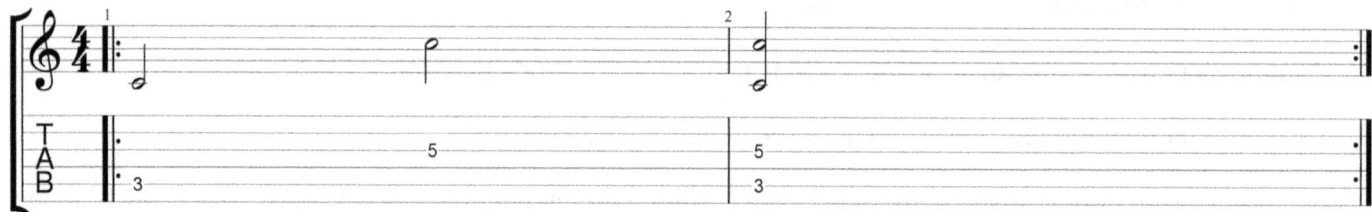

(Acesse o site: **www.fundamental-changes.com/audio-downloads,** para obter todos os áudios de exemplo e backing tracks inclusas neste livro).

Após ouvir o exemplo acima, você notará que as duas notas são basicamente a mesma, porém em *tonalidades* diferentes. Uma escala é simplesmente uma forma de dividir em partes menores o espaço entre essas notas.

Você pode pensar em escalas da seguinte forma: imagine que há uma escada onde o primeiro e o último degraus estão fixos e que você pode mudar os espaçamentos dos degraus do meio. Alguns espaçamentos podem ser menores e outros maiores, no entanto, independentemente da forma que você organizá-los, você sempre chegará ao último degrau, após subir os degraus do meio.

Nessa comparação, os degraus da escada são as notas que tocamos, e os espaços entre os degraus são as distâncias entre essas notas. Estas distâncias são medidas em *tons* e *semitons* — dois semitons são iguais, em distância, a um tom.

É a forma de organização das notas que faz com que as escalas soem diferentes umas das outras e o que dá a cada uma delas uma sensação musical diferente.

Após "definir" a posição dos degraus da sua escada, você poderá levá-la para qualquer lugar diferente (nota), para utilizá-la. Da mesma forma, escalas do mesmo *tipo* possuem sempre o mesmo padrão de tons e semitons, independentemente de qual seja a nota inicial (tônica).

Por exemplo, o padrão de tons e semitons é sempre o mesmo nas escalas de C maior, F# maior, Bb maior ou em qualquer outra escala *maior*.

Escalas do mesmo *tipo* possuem sempre o mesmo padrão de tons e semitons.

A Escala Maior - Visão Geral

As escalas maiores têm sido o elemento fundamental da harmonia ocidental, nos últimos 800 anos. A maioria dos acordes que você ouve na música pode ser formada a partir dessa escala. É essencial entender como essa escala funciona, porque o seu formato é a base sobre a qual podemos descrever *qualquer* outro som musical.

Obviamente, a escala maior é utilizada no rock, mas frequentemente a sua *vibe* mais alegre soa um pouco brilhante demais. No entanto, existem algumas exceções incríveis. Confira a música *Friends*, de Joe Satriani, para escutar uma escala maior realmente triunfante.

Outras músicas que você talvez queira escutar, dependendo do seu gosto musical, são:

Jessica, do The Allman Brothers Band.

O tema principal da música *Cliffs of Dover*, de Eric Johnson (tal tema começa em 2:32).

Ou então *Like a Rolling Stone*, de Bob Dylan.

Frequentemente, você pode encontrar uma melodia composta em uma escala maior, enquanto o solo é composto em uma escala menor, para dar um som mais de rock, como na música *Jump*, de Van Halen.

É extremamente importante entender como a escala maior funciona e como podemos criar melodias e harmonias a partir desse tipo de escala, antes de abordarmos o restante do conteúdo deste livro. Portanto, certifique-se de assimilar bem as ideias das seções seguintes, antes de ir para a parte dois deste livro.

Construção

Voltando à nossa analogia da escada, podemos dizer que o som ou "sabor" de uma escala maior específica se deve à forma como as notas são *espaçadas*, assim como os são os degraus da escada, entre dois pontos fixos extremos. Em outras palavras, uma escala maior possui um padrão definido de tons e semitons que lhe dão a sua identidade única. A seguir, vamos descobrir como é esse padrão.

A melhor forma de começar é examinando a escala de C maior. Nela não há sustenidos ou bemóis, e, se você estivesse tocando-a em um teclado, você tocaria apenas as teclas brancas, começando e terminando na nota C.

As notas da escala de C maior são:

C D E F G A B

A nota "C" é a nota *tônica* da escala.

Talvez você esteja acostumado a tocar escalas em todo o braço da guitarra, no entanto, para começarmos o nosso estudo e para entender como são organizados os padrões de tons e semitons, essa escala será tocada em apenas uma corda, para que melhor a examinemos.

Exemplo 2b:

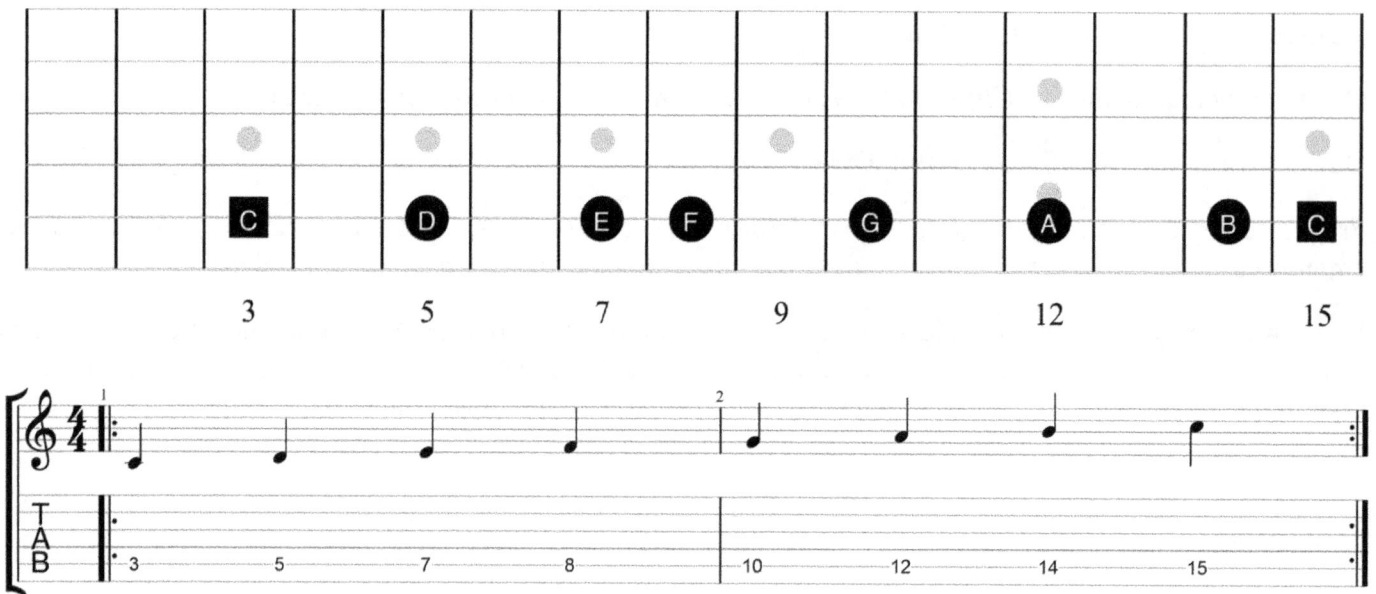

Quando uma escala é apresentada dessa forma, fica claro que o intervalo entre algumas notas é de um tom, enquanto entre outras notas o intervalo é de apenas um semitom.

Dessa forma, você pode notar que o intervalo entre as notas C e D é de um tom, enquanto o intervalo entre as notas E e F é de um semitom.

Ouça o áudio de exemplo referente ao exemplo 2b e depois o reproduza. Memorize esse padrão, pois ele é essencial para que você entenda tudo o que abordaremos a seguir.

O diagrama anterior apresenta a *estrutura* de uma escala maior. Independentemente de onde posicionarmos a primeira nota, o padrão de tons e semitons deve sempre permanecer o mesmo, para que possamos criar o som exato de uma escala maior.

O padrão de uma escala maior é **sempre**:

Tom, Tom, Semitom, Tom, Tom, Tom, Semitom.

Entre:

C – D temos um Tom

D – E temos um Tom

E – F temos um Semitom

F – G temos um Tom

G – A temos um Tom

A – B temos um Tom

B – C temos um Semitom.

Note que o intervalo entre a sétima nota da escala (B) e a tônica (C) é de um semitom.

Escalas maiores têm *sempre* o intervalo de um semitom entre a 7ª e a 1ª/8ª nota (tônica). Essa última nota é chamada de nota principal.

O padrão de **Tom, Tom, Semitom, Tom, Tom, Tom, Semitom** não é a base *apenas* das escalas maiores. A escala maior é tão importante que esse padrão é, de fato, a base de *toda* a música.

Conhecer esse padrão é uma das coisas mais importantes na música. Dizê-lo em volta alta e memorizá-lo poder ajudar! Irei dizê-lo novamente, para que você o assimile bem:

Tom, Tom, Semitom, Tom, Tom, Tom, Semitom.

O padrão de tons e semitons da escala maior possui a sua própria *fórmula*:

1 2 3 4 5 6 7

Tais números (1 2 3 4 5 6 7) são a fórmula da escala maior.

Por mais simples que isso possa parecer, nós podemos utilizar esse tipo de fórmula para descrever qualquer outra escala. Por exemplo, é possível que você se depare com a seguinte fórmula:

1 2 3 #4 5 6 7

Essa é uma forma abreviada de dizer que uma escala é idêntica à escala maior, exceto pela quarta nota, que foi *aumentada* em um semitom.

Na tonalidade original de C maior, temos as notas:

C D E F G A B C

Logo, a fórmula **1 2 3 #4 5 6 7** representaria as seguintes notas:

C D E F# G A B C

Construção da Escala Maior em Outras Tonalidades

Para montar a escala maior na tonalidade de C, nós simplesmente começamos a escala na nota C e avançamos, seguindo a ordem alfabética das notas, até chegarmos ao ponto de partida. Vamos tentar executar essa ideia em uma nota diferente. Começaremos com a nota "G".

G A B C D E F G

Podemos ver que os degraus (da analogia da escada) são os mesmos. Lembre-se que o padrão da escala maior é:

Tom, Tom, Semitom, Tom, Tom, Tom, Semitom.

G – A = Tom

A – B = Tom

B – C = Semitom

C – D = Tom

D – E = Tom

E – F = **Semitom**

F – G = **Tom**

Você já deve ter notado que há um problema com o padrão dos tons e semitons nas duas notas finais: F e G.

Se você observar o diagrama anterior, verá que *deve* haver um semitom entre a sétima nota e a nota final da escala, se quisermos criar uma escala maior adequada.

É muito mais fácil vermos isso no braço da guitarra.

Exemplo 2c:

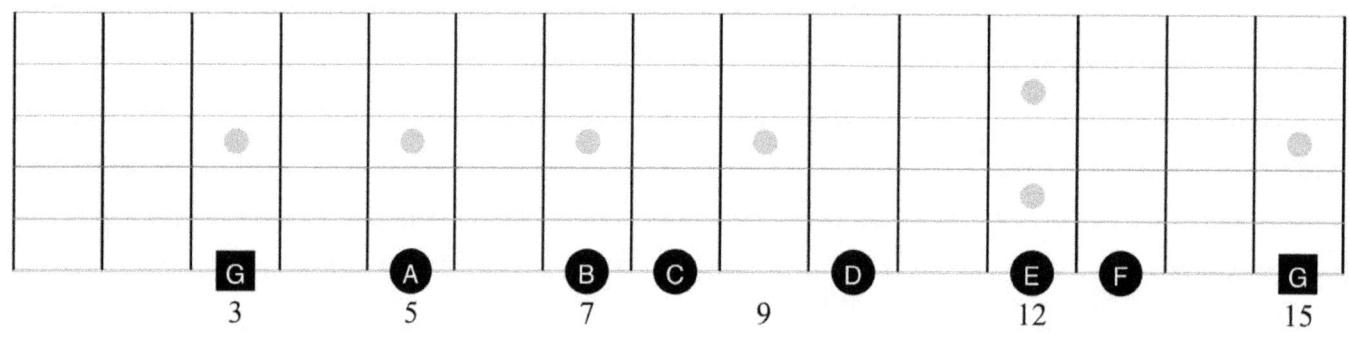

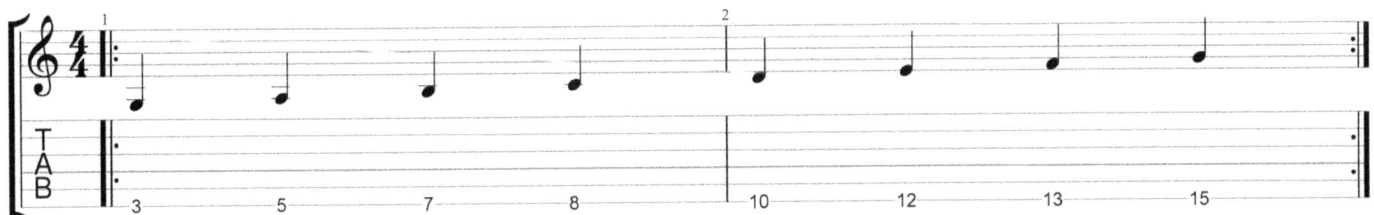

Reproduza o exemplo acima e ouça como ele soa. Você consegue notar que algo nele não pertence a uma escala maior?

Lembre-se do padrão da escala maior:

Tom, Tom, Semitom, Tom, Tom, **Tom, Semitom**.

As notas acima, entre G e G, não formam de fato uma escala maior, pois o seu padrão é:

Tom, Tom, Semitom, Tom, Tom, **Semitom**, **Tom**.

Voltando à nossa analogia, o último degrau da escada deve ser de um semitom, e o penúltimo deve ser de um tom.

Há uma maneira muito simples de resolvermos esse problema: podemos simplesmente aumentar a sétima nota (F), para que ela se torne a nota F#. Desse modo, temos:

Exemplo 2d:

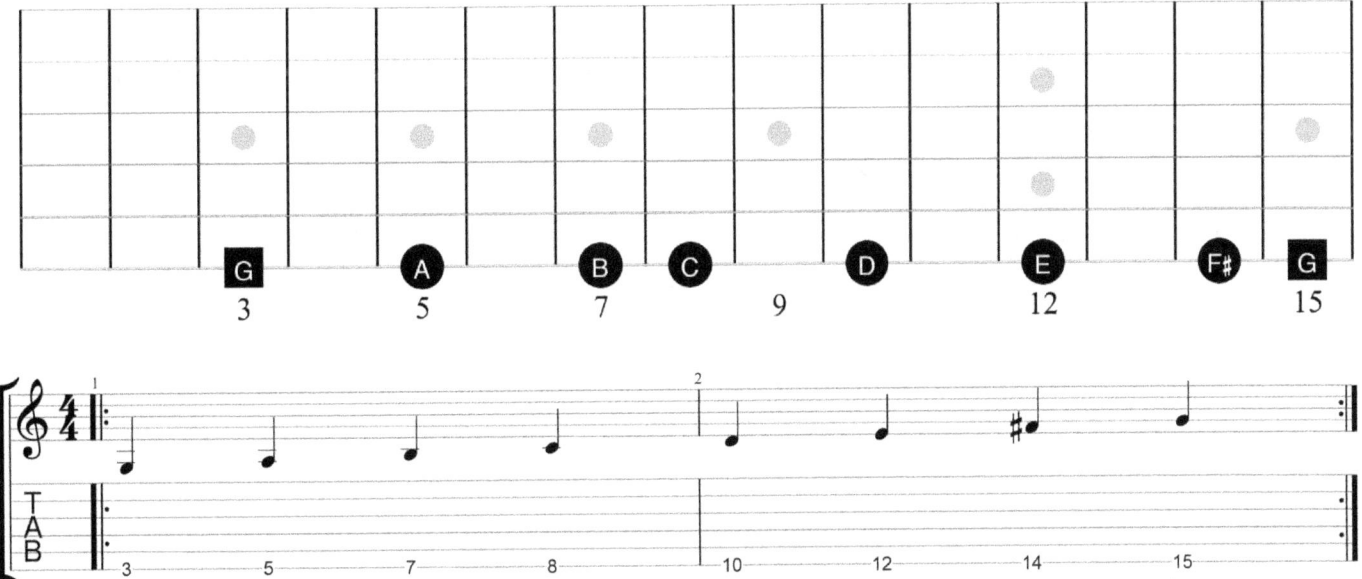

Para criar o padrão da escala maior: **Tom, Tom, Semitom, Tom, Tom, Tom, Semitom,** tivemos que aumentar a sétima nota da escala em um semitom.

Agora, a escala de G maior é idêntica em sua *construção* à escala de C maior, que construímos no início deste capítulo.

1 2 3 4 5 6 7

Antes de aumentarmos a nota F para F#, poderíamos ter descrito a escala de G maior dessa forma:

1 2 3 4 5 6 b7

Foi necessário aumentar a sétima nota, para que a escala obedecesse à fórmula da escala maior.

Não foi por acaso que escolhi a nota G como ponto de partida, para construirmos essa escala maior. Também não é coincidência que a nota G seja uma quinta acima da nota C, utilizada no primeiro exemplo.

À medida que nos movemos para as quintas (de C para G, de D para A **etc, tal como no capítulo um) podemos formar uma escala maior em cada nota, adicionando um sustenido (#) à sétima nota da nova escala em questão.**

Analisaremos esse conceito de forma mais detalhada no próximo capítulo.

Agora você já deve ter entendido que:

- As escalas maiores são todas construídas a partir do mesmo padrão de tons e semitons, mesmo que as notas de cada escala sejam diferentes.

- O padrão de uma escala maior é *sempre* composto por: Tom, Tom, Semitom, Tom, Tom, Tom, Semitom.

- Esse padrão de notas é tão importante, que possui a sua própria *fórmula mestra:* 1 2 3 4 5 6 7.

- Todas as outras escalas podem ser formadas, se fizermos ajustes nessa fórmula (como, por exemplo, b3, #4 #5 ou b7).

- As notas C D E F G A B C formam naturalmente uma escala maior. Nessa escala não são necessários sustenidos (#) ou bemóis (b).

- Você pode construir uma escala maior com qualquer nota (como, de G a G ou de D a D).

- Todas as escalas (exceto pela escala de C maior) exigem ajustes com sustenidos ou bemóis, para que elas se ajustem ao padrão exigido de tons e semitons. Se uma escala não possuir o padrão: T, T, St, T, T, T, St, ela *não* é uma escala maior.

- Se você mover-se em quintas (C – G – D – A – E etc) para construir uma escala maior a cada nota é necessário que você adicione um novo sustenido à escala em questão.

- O novo sustenido é adicionado sempre na nota do 7º grau de cada escala maior.

No próximo capítulo, analisaremos esses três últimos tópicos de forma muito mais detalhada, já que eles formam a parte mais importante do Ciclo das Quintas.

Teste!

Qual é o padrão de tons e semitons de uma escala maior?

Qual é a fórmula mestra de uma escala maior?

Qual é a escala maior construída a partir da quinta nota da escala de C maior?

Qual nota deve-se aumentar ao construir uma escala maior, a partir da quinta de uma escala anterior?

Quantos sustenidos (#) existem na escala de G de maior?

Capítulo Três: Construindo o Ciclo das Quintas

Como vimos no capítulo anterior, a escala maior apresenta sempre o mesmo padrão definido de tons e semitons, os quais devem ser respeitados, para que a escala soe corretamente. Esse padrão é:

Tom, Tom, Semitom, Tom, Tom, Tom, Semitom.

Nós aprendemos a escala de C maior primeiro, pois ela não possui sustenidos ou bemóis:

C D E F G A B C

A outra escala que construímos foi baseada na *quinta* (G) da escala de C maior:

G A B C D E F# G

Para manter o padrão de tons e semitons exigido, tivemos que aumentar a sétima nota da escala, de F para F#.

Continuaremos com essa ideia e construiremos uma escala com a quinta nota da escala de G maior, para vermos o que acontece.

(Lembre-se de manter a nota F#, que adicionamos na escala de G maior).

A quinta na escala de G maior é a nota D. Se construirmos uma escala de D a D, mantendo as notas da escala anterior da escala de G maior, teremos:

D E F# G A B C D

Exemplo 3a:

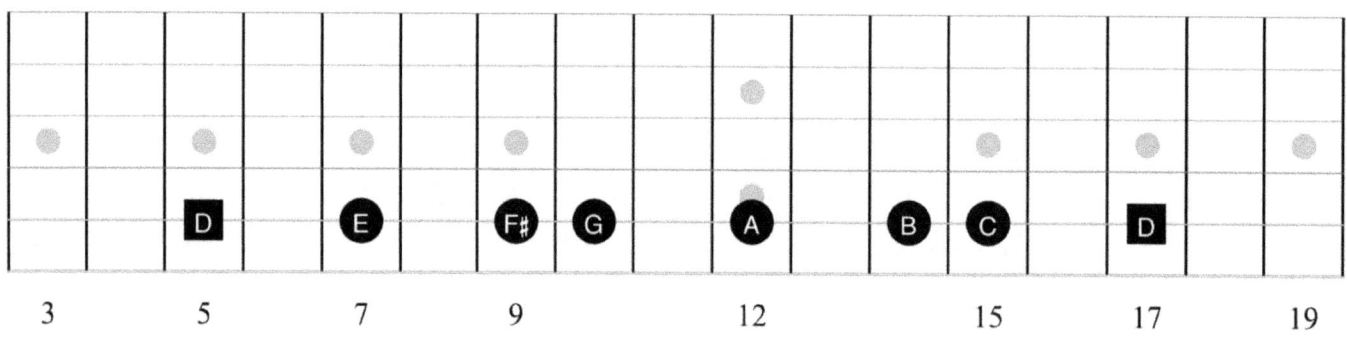

Pergunte a si mesmo: Essa escala de D maior está correta?

A resposta é: Não!

A distância entre a sétima nota (C) e a tônica (D) é de um tom. Isso foi o que aconteceu no capítulo anterior, quando construímos pela primeira vez a escala de G maior, usando as notas da escala de C maior.

De fato, o padrão dessa escala que acabamos de construir é:

Tom, Tom, Semitom, Tom, Tom, **Semitom, Tom**.

O que precisamos fazer para que essa escala se torne uma escala maior de verdade?

Precisamos aumentar a sétima nota da escala, para criar o intervalo de um semitom entre a sétima nota e a tônica.

Dessa forma, temos que aumentar a nota C para C#, para que a escala fique no padrão de uma escala maior.

Exemplo 3b:

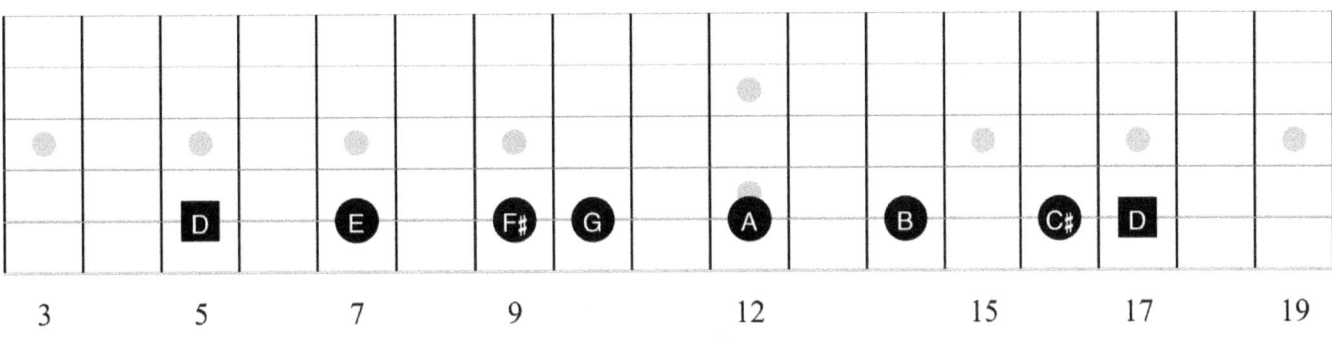

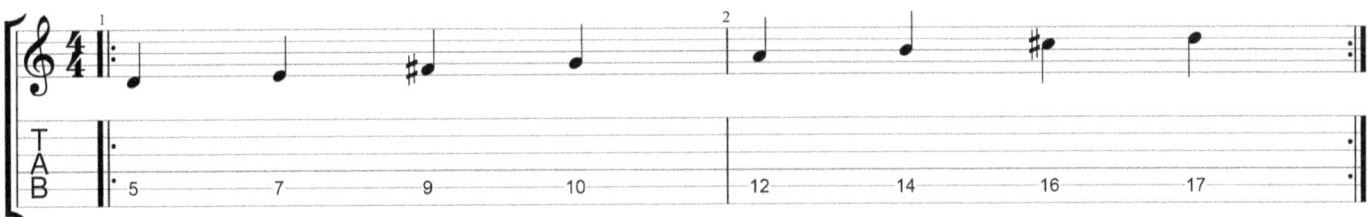

Agora, com a escala ajustada ao padrão "T T St T T T St", construimos a escala de D maior.

Esse processo é a essência do Ciclo das Quintas.

Aprendemos que podemos sempre construir uma escala com a quinta nota da escala anterior. Basta que aumentemos a sétima nota da nova escala em questão, para aplicar o padrão de intervalos e construir, assim, um escala maior...

Devido a esse processo, *o Ciclo das Quintas também nos diz quantos sustenidos existem em uma escala maior.*

Portanto, sem mais delongas, começaremos a construir o Ciclo das Quintas, utilizando o que aprendemos até agora.

Começando na nota C, na parte superior do ciclo, e movendo-se no sentido horário, escreva a sequência de quintas das escalas. Se você não tem certeza de como fazer isso, volte ao capítulo um.

Assim, o Ciclo das Quintas é:

C G D A E B F# C#.

Por enquanto, não se preocupe com as duas últimas notas.

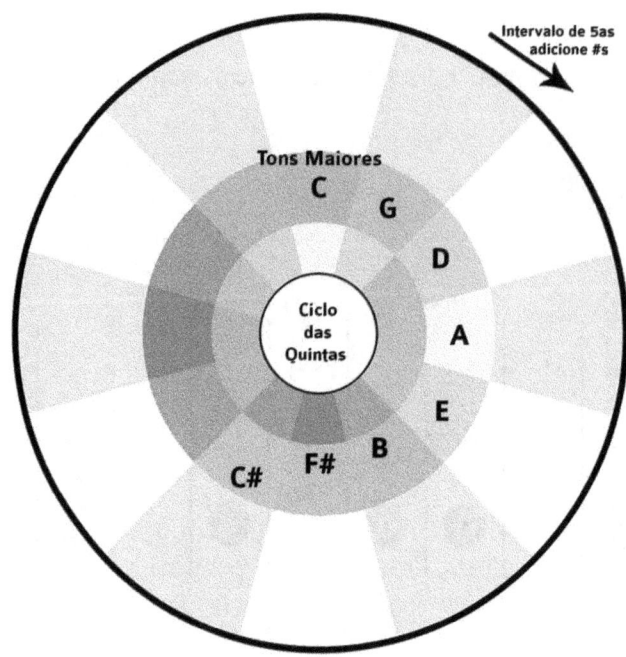

Em seguida, adicione o número de sustenidos (#) utilizados em cada escala:

TONALIDADE	ESCALA	NÚMERO DE SUSTENIDOS
C Maior	C D E F G A B C	0
G Maior	G A B C D E F# G	1
D Maior	D E F# G A B C# D	2
A Maior	A B C# D E F# G# A	3
E Maior	E F# G# A B C# D# E	4
B Maior	B C# D# E F# G# A# B	5
F# Maior	F# G# A# B C# D# E# F#	6
C# Maior	C# D# E# F# G# A# B# C#	7

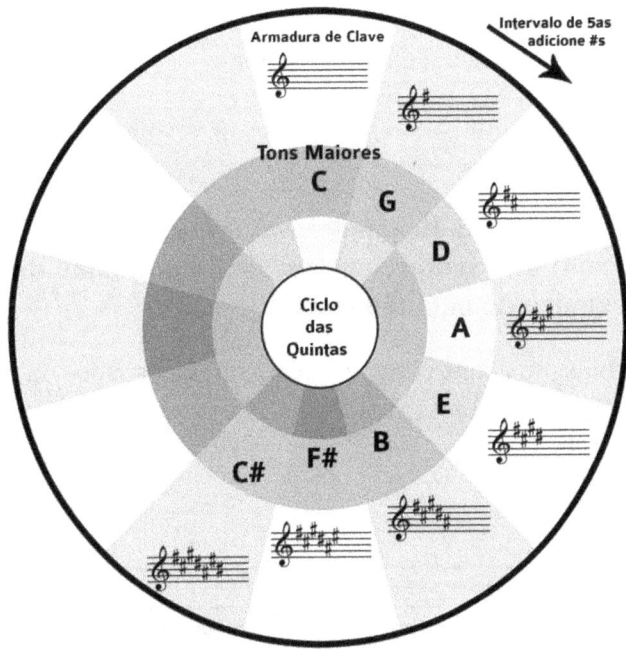

Observe que, na notação musical, os sustenidos são notados na armadura de clave.

A armadura de clave da escala de G maior possui um sustenido, o qual está notado na linha correspondente à nota F, para indicar-nos que um sustenido é adicionado, para formar a nota F#, na escala de G maior. Isso quer dizer que todas as notas da escala de G maior são iguais às notas da escala de C maior, com exceção da nota F#.

A armadura de clave da escala de A maior contém três sustenidos, na ordem em que são adicionados às notas da escala. Primeiro, adicionamos a nota F# para construir a escala de G maior, depois adicionamos a nota C# para construir a escala de D maior e, finalmente, adicionamos a nota G#, para construir a escala de A maior.

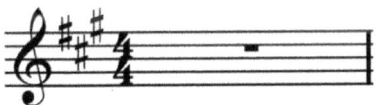

À medida que você for avançando em sentido horário no diagrama acima, você verá facilmente como adicionamos sempre um sustenido a uma nota, cada vez que construímos uma escala em uma nova tonalidade.

Um truque interessante para descobrir em qual tonalidade você está consiste em subir em um semitom, a partir do último sustenido na armadura de clave. Dessa forma, você encontrará a tonalidade correta.

Por exemplo:

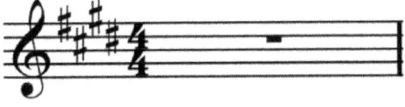

O último sustenido (à direita) na armadura de clave corresponde à nota D#. Suba um semitom e você encontrará a tonalidade dessa escala. Neste caso, a escala é a de E maior.

Aplique isso no Ciclo das Quintas acima e você verá que a escala de E maior possui quatro sustenidos. Portanto, estamos corretos.

Dica Especial! Como os sustenidos são adicionados *na ordem em que eles aparecem* na armadura de clave, o sustenido final (à direita) está sempre em um semitom abaixo da nota tônica. Por exemplo, a nota F# está em um semitom abaixo da nota tônica G.

Um bom truque é aprender as notas musicais, com base nas linhas e espaços da pauta musical. Se você precisar lembrar-se dessas notas, aqui está um lembrete rápido:

Note que as notas nos espaços vazios formam a palavra "FACE", e você pode lembrar-se das notas nas linhas com a frase: "**E**m **G**oiás **B**rinco **D**e **F**ogueira".

Podemos tocar essas notas na guitarra da forma a seguir:

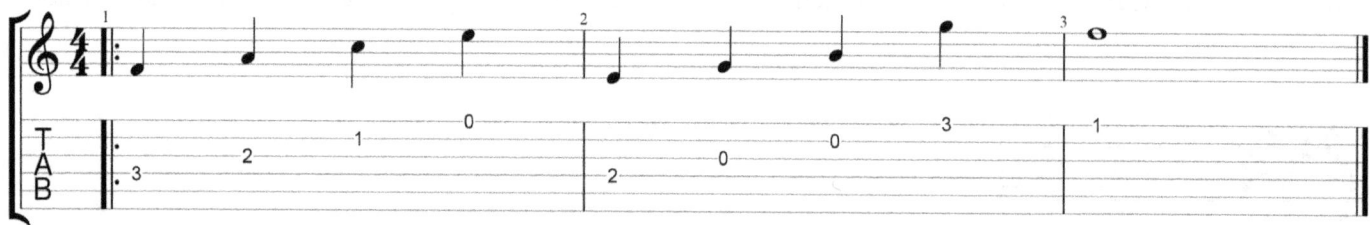

Pratique! Quais são as tonalidades apresentadas nas armaduras de clave a seguir? Para descobrir isso, observe qual é o último sustenido à direita e aumente-o em um semitom. Em seguida, verifique se a sua resposta está correta, consultando o diagrama do Ciclo das Quintas acima.

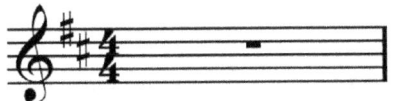

Com a prática, você facilmente se lembrará de quantos sustenidos cada tonalidade possui. Também pode ser útil utilizar *flash cards*, para que você memorize esses sustenidos mais rapidamente.

Há também uma maneira muito útil de lembrar o número de sustenidos de cada tonalidade. Ela consiste em utilizar as notas das duas cordas mais graves no braço da guitarra. Em primeiro lugar, certifique-se de memorizar os nomes e as localizações das notas a seguir:

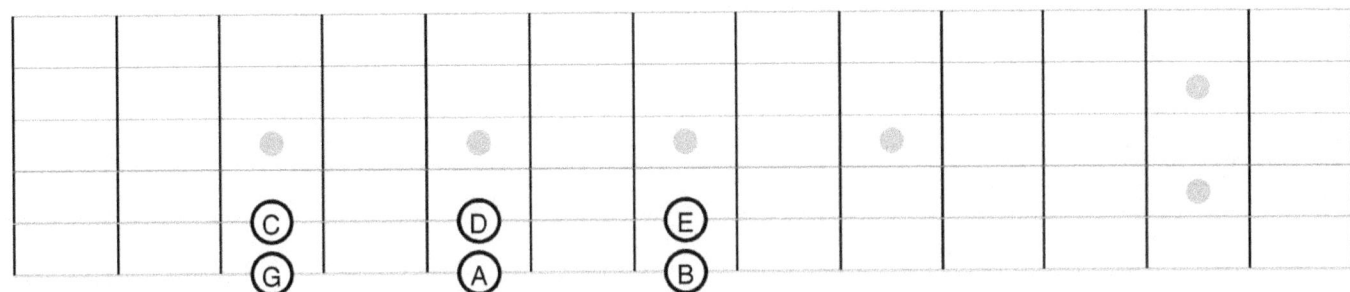

Então, memorize o padrão de números a seguir, o qual corresponde ao número de sustenidos presentes em cada tonalidade:

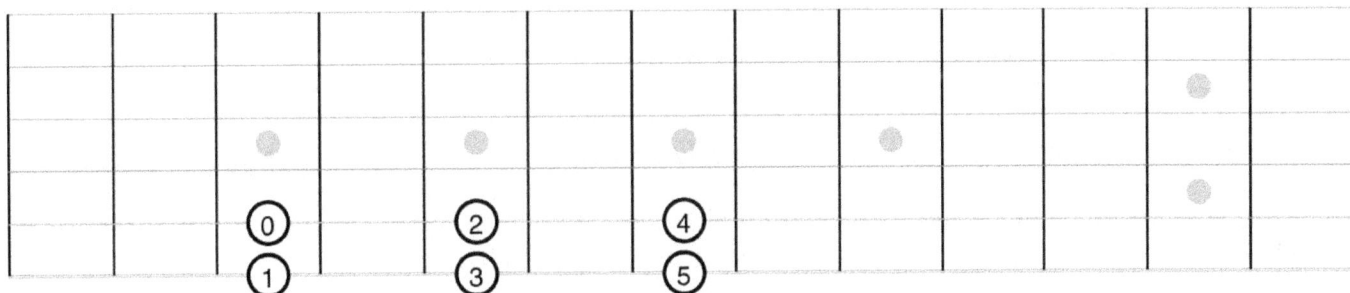

Observe que os números aumentam, à medida que você se move em quintas. Se você aprender as notas do primeiro diagrama e memorizar a sequência de números do diagrama anterior, você será capaz de determinar o número de sustenidos presentes nas tonalidades mais comuns com "sustenidos".

Por exemplo, a nota A corresponde ao número 3, portanto concluímos que há três sustenidos na escala de A maior.

A Ordem dos Sustenidos

À medida que nos movemos no sentido horário através do Ciclo das Quintas, sempre adicionamos um sustenido à sétima nota da nova escala. Isto significa que a ordem em que os sustenidos aparecem é *sempre a mesma*, se nos movermos no sentido horário, através dos centros tonais (tônicas).

Uma das coisas mais úteis que você pode fazer é memorizar a sequência de sustenidos a seguir:

F# – C# – G# – D# – A# – E# – B#

Você também pode utilizar a frase a seguir, como mnemônico:

Focas **C**om **G**ordura **D**emais **A**ndam **E**m **B**andos.

Lembre-se, a tônica da escala é sempre a nota em um semitom acima da última nota com sustenido, portanto, se você encontrar três sustenidos em uma armadura de clave como no exemplo a seguir:

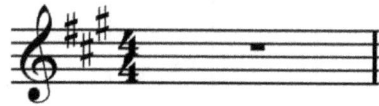

Você saberá que esses sustenidos representam as notas F#, C# e G# e que essa é a tonalidade de A maior, visto que a nota A está em um semitom acima da nota G#.

Escalas Relativas Menores

Cada escala maior possui uma escala relativa menor, a qual contém todas as notas da escala maior, mas que começa, no entanto, em um lugar diferente na escala. O processo para encontrar uma escala relativa menor é similar à forma que utilizamos para construir uma escala, a partir da quinta de uma escala anterior, porém, desta vez, não alteramos nota alguma com sustenidos.

Uma escala *relativa menor* é simplesmente uma escala construída a partir da *sexta* nota de uma escala maior.

Às vezes, você verá a nomenclatura "Escala Natural Menor". Essa nomenclatura significa a mesma coisa que "Escala Relativa Menor", que por sua vez é a mesma coisa que "Modo Eólio".

Para construir uma escala relativa/natural menor, simplesmente vá à sexta nota de uma escala maior e comece a construir a nova escala a partir de lá.

Por exemplo, na escala de C maior, a sexta nota é a nota A:

1	2	3	4	5	6	7	1
C	D	E	F	G	**A**	B	C

Para formar uma escala relativa ou uma *escala natural menor*, basta tocar as notas de A à A:

Escala Natural Menor de A:

1	2	3	4	5	6	7	1
A	B	C	D	E	F	G	A

Nenhum sustenido ou bemol foi adicionado.

A escala natural menor de A pode ser vista claramente na guitarra no diagrama a seguir:

Exemplo 3c:

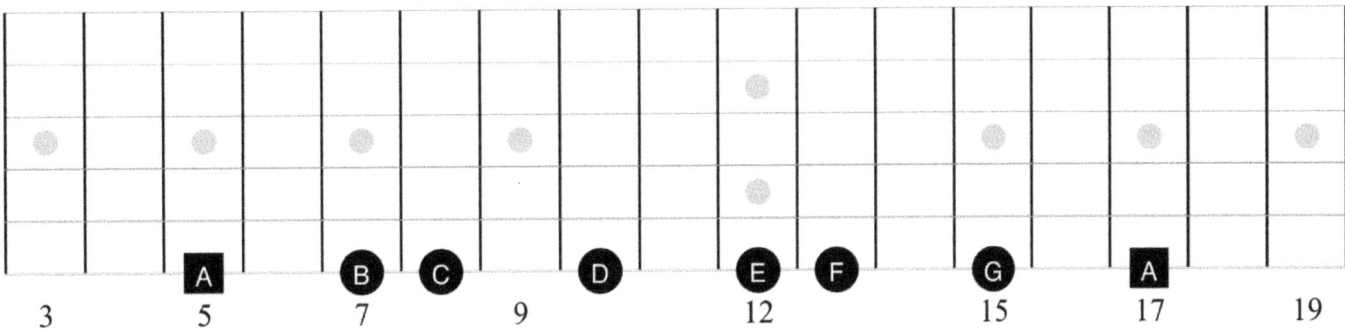

Escala Natural Menor de A

Sem nos determos muito na teoria da escala menor, é importante que você entenda os pontos a seguir:

- Mesmo que uma escala natural menor contenha as mesmas notas da sua escala relativa maior, ela soa completamente diferente, pois apresenta um padrão diferente de tons e semitons.

- O padrão de tons e semitons na escala natural menor é: T, St, T, T, St, T, T.

- A primeira grande diferença entre uma escala maior e uma escala natural menor é que a distância/intervalo entre a *primeira* e a *terceira* nota, na escala maior, é de dois tons, enquanto na escala natural menor ela é de apenas um tom e meio. Essa distância de dois tons é chamada de *terça maior*, e a distância de um tom e meio é chamada de *terça menor.*

- A segunda grande diferença entre essas escalas é que na escala maior há uma distância de um semitom entre a sétima nota e a tônica. Na escala natural menor há uma distância de um tom entre a sétima nota e a tônica.

Veja se você consegue enxergar todas essas características descritas no diagrama acima.

Além disso, há outros tipos de escalas menores, como a escala menor melódica e a menor harmônica, que são ambas variações da escala natural menor. Elas estão fora do escopo deste livro, mas são comuns em muitos tipos de música. Não se preocupe com elas por enquanto, o importante é que você saiba que elas existem.

Toque as notas da escala natural menor de A na posição a seguir. Você notará imediatamente que essa escala soa bem diferente.

Exemplo 3d:

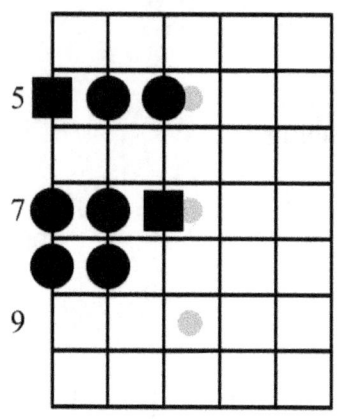

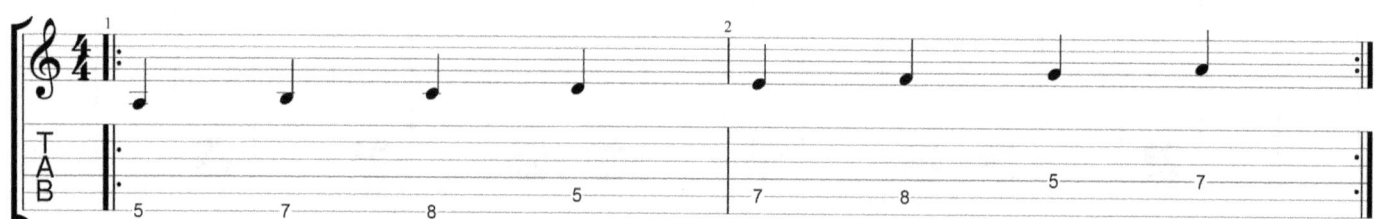

Enquanto as escalas maiores possuem um som brilhante e feliz, as escalas naturais menores possuem um som sombrio e obscuro. Se você não conseguir perceber isso imediatamente, tente tocar a escala natural menor de A com o acorde de A menor, como exemplificado no áudio de exemplo.

Como as escalas naturais menores contêm exatamente as mesmas notas que as suas escalas relativas maiores, essas duas tonalidades estão intimamente relacionadas, apesar de soarem diferentes.

As escalas de C maior e A menor soam completamente diferentes uma da outra, mesmo que contenham as mesmas notas. Isso ocorre porque os acordes construídos com base em cada uma dessas escalas têm um tipo de gravidade que os empurra de volta para a tônica (notas A ou C, neste caso).

Novamente estamos entrando em partes teóricas que estão fora do escopo deste livro, mas, por enquanto, você simplesmente precisa entender que podemos utilizar uma escala relativa menor de qualquer escala maior, para criarmos uma peça musical relacionada a uma escala maior, porém com um som mais triste.

A faixa *All Along the Watchtower*, de Bob Dylan, foi composta em uma escala natural menor.

Como mencionado, você pode encontrar uma escala relativa menor, a partir de qualquer escala maior, simplesmente contando seis notas de uma escala.

Por exemplo, a escala relativa menor da escala de G maior é a escala de E menor:

1	2	3	4	5	6	7	1
G	A	B	C	D	E	F#	G

A escala relativa menor da escala de D maior é a escala de B menor:

1	2	3	4	5	6	7	1
D	E	F#	G#	A	**B**	C#	D

Se você estiver com uma guitarra ao seu alcance, fica muito fácil executar a escala relativa menor acima, utilizando o desenho a seguir. Basta que saibamos os nomes das notas tocadas nas cordas E grave e D.

Padrão de Sextas
Relativa Menor de D = B

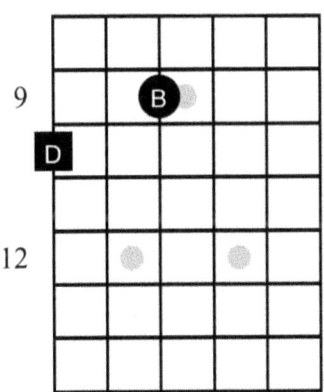

Alternativamente, você pode simplesmente subir dez casas (incluindo a casa inicial):

Sextas na Mesma Corda

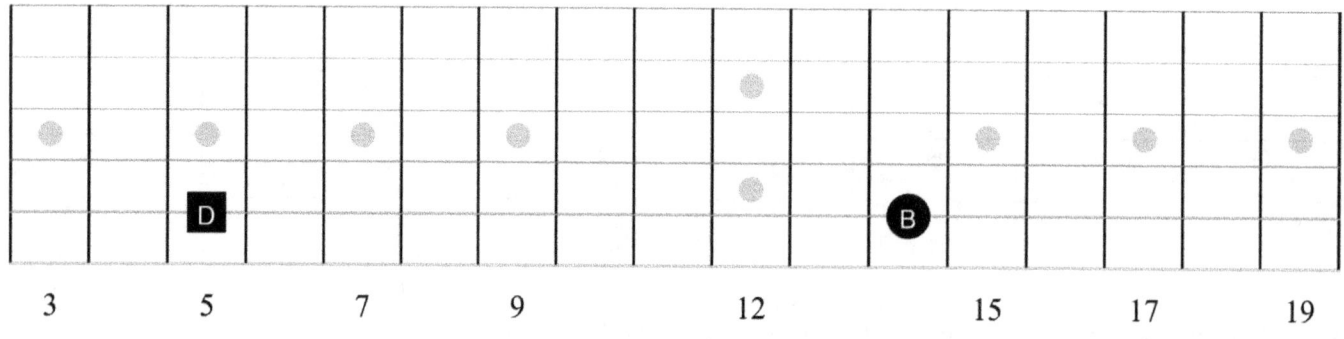

Também é muito fácil irmos de uma escala menor para uma escala relativa maior. Tudo que você precisa fazer é contar *três* notas de uma escala menor (há uma maneira fácil de fazer isso na guitarra — veja abaixo).

Qual é a escala relativa maior da escala de A menor?

1	2	3	4	5	6	7	1
A	B	C	D	E	F	G	A

A escala relativa maior da escala de A menor é a escala de C maior.

Qual é a escala relativa maior da escala de B menor?

1	2	3	4	5	6	7	1
B	C#	D	E	F#	G#	A	B

A escala relativa maior da escala de B menor é a escala de D maior.

- Uma escala relativa maior de uma escala menor fica localizada sempre quatro casas (incluindo a casa inicial) acima da nota tônica da escala menor em questão.

A escala de D maior é a escala relativa maior da escala de B menor

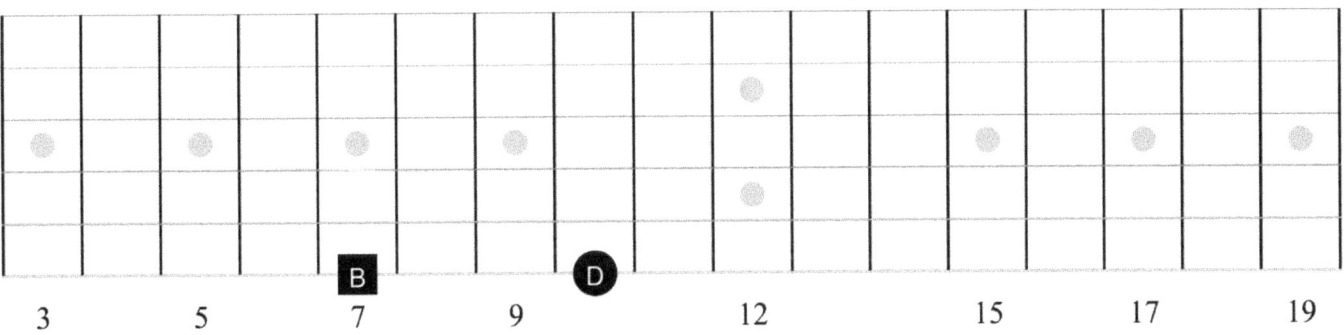

O essencial que precisa saber é que:

- **As escalas maiores contêm exatamente as mesmas notas que as suas escalas relativas/naturais menores. Por essa razão,** *as escalas relativas maiores e as suas respectivas escalas relativas menores possuem as mesmas armaduras de clave.*

Visto que contém as mesmas notas:

A escala de C maior tem exatamente a mesma armadura de clave (0 sustenidos) que a escala de A menor.

A escala de G maior tem exatamente a mesma armadura de clave (1 sustenido) que a escala de E menor.

A escala de D maior tem exatamente a mesma armadura de clave (2 sustenidos) que a escala de B menor.

Muitas vezes, a melhor maneira de dizer se uma peça musical foi composta em uma escala maior ou em uma escala relativa menor é olhando para o primeiro acorde da peça em questão.

Se a armadura de clave possuir um sustenido, e o primeiro acorde for o de G maior, por exemplo, então é muito provável que tal peça tenha sido composta na tonalidade de G maior.

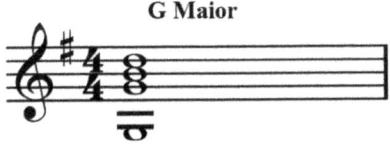

Mas, se a armadura de clave possuir um sustenido, e o primeiro acorde for o acorde de E menor, então é provável que a peça esteja na tonalidade de E menor:

Agora que entendemos como funcionam as Escalas Relativas Menores, podemos adicioná-las ao Ciclo das Quintas. As tonalidades relativas menores ficam no ciclo interno ao lado das tonalidades maiores. Note que as tonalidades relativas maiores e as tonalidades menores possuem a mesma armadura de clave e o mesmo número de sustenidos.

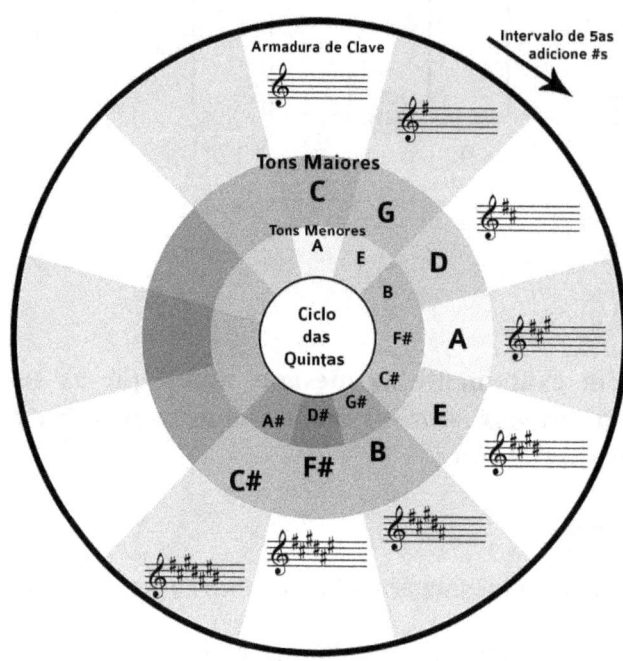

Mais uma vez, não se preocupe com o lado esquerdo do diagrama acima, nós iremos abordá-lo em breve.

Capítulo Quatro: O Ciclo das Quartas

Até o momento, construímos escalas maiores com movimentos *ascendentes* de quintas e com a adição de um sustenido em cada escala.

Há outra forma de seguir a fórmula da escala maior, sem a necessidade de nos movermos em quintas e adicionarmos sustenidos. Essa forma consiste em nos movermos em quartas e adicionarmos bemóis.

Na música, podemos mover-nos entre duas notas de duas formas diferentes — subindo *ou* descendo. Por exemplo, na escala de C maior, podemos ir da nota C à nota G *subindo* cinco notas (uma quinta acima):

1	2	3	4	5
C	D	E	F	G

No entanto, *subir* uma quinta é o mesmo que *descer* uma quarta.

Assim, na escala de C maior, *poderíamos* ir da nota C à G, *descendo* quatro notas (uma quarta abaixo).

1	2	3	4
C	B	A	G

Se invertermos a ideia acima temos que:

- Subir uma quarta nos leva à mesma nota que um movimento *descendente* em quinta nos levaria.

Por exemplo, veja o diagrama de Ciclo das Quintas abaixo. Comece na escala de B maior e conte os seus intervalos. Então, se mova no sentido anti-horário, em direção à tonalidade de C maior.

Partindo da tonalidade de B maior para a tonalidade de E maior, temos:

B – C# – D# – E = uma quarta.

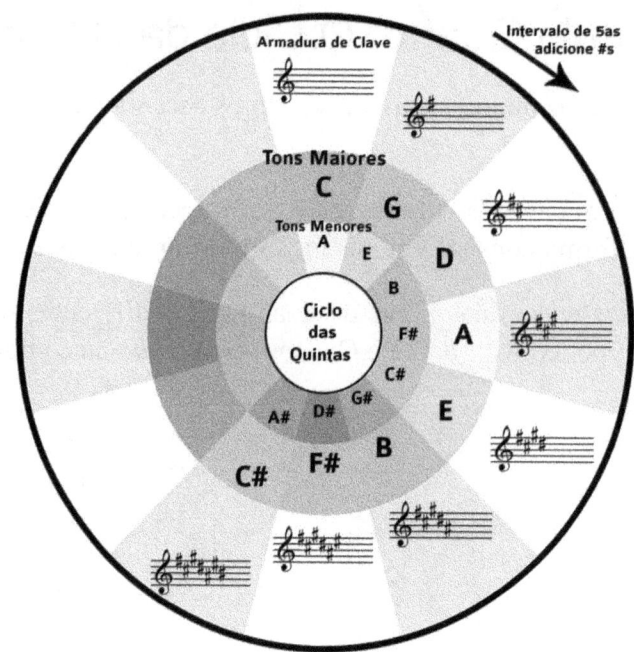

Continue seguindo o ciclo, no sentido anti-horário, objetivando a tonalidade de C maior.

Partindo da tonalidade de E maior, até a tonalidade de A maior, temos:

E – F# – G# – A = uma quarta.

Partindo da tonalidade de A maior, até a tonalidade de D maior, temos:

A – B – C# – D = uma quarta.

Este padrão continua até a tonalidade de C maior, mas o que acontece, se continuarmos seguindo-o?

Na escala de C maior, a quarta acima (ou quinta abaixo) é a nota F.

1	2	3	4
C	D	E	F

O que aconteceria se construíssemos uma escala de F maior utilizando as notas da escala de C maior?

Se fizéssemos isso, obteríamos as seguintes notas:

1	2	3	4	5	6	7	1
F	G	A	B	C	D	E	F

Vamos dar uma olhada no padrão de tons e semitons formado por essas notas, para ver se elas podem formar, de fato, uma escala maior.

F a G = Tom

G a A = Tom

A a B = Tom

B a C = Semitom

C a D = Tom

D a E = Tom

E a F = Semitom

Na guitarra, esse padrão de notas teria o seguinte formato:

Exemplo 4a:

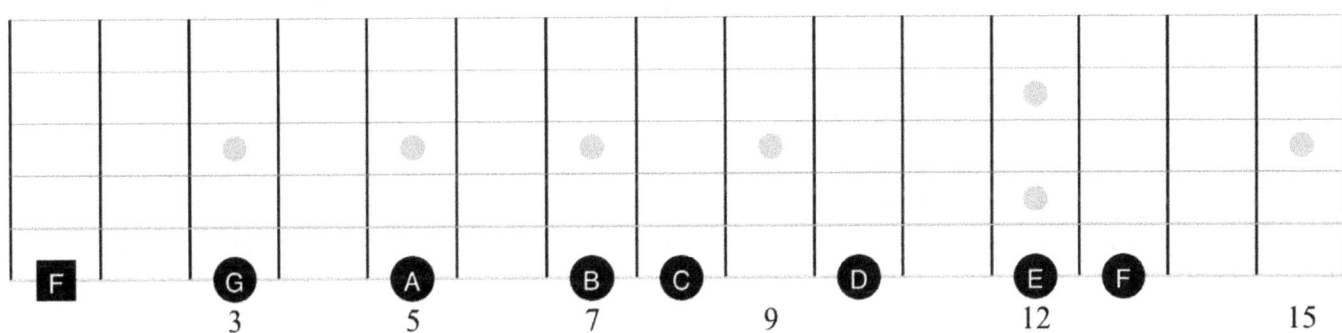

O intervalo desse padrão de notas é:

T, T, T, *St*, T, T, St.

Logo, com esse padrão, *não* podemos de fato construir uma escala maior.

Há um problema entre a terceira e quarta notas.

Lembre-se, o padrão de uma escala maior é sempre:

T, T, *St*, T, T, T, St.

Você consegue perceber o que poderíamos mudar, em apenas uma nota, para transformarmos o padrão de notas de F a F em uma escala maior?

Se nós abaixarmos em um semitom a quarta nota (B) dessa "escala" de F maior, de modo que ela se torne Bb, corrigiremos o seu padrão de tons e semitons. Dessa forma, ela irá se tornar de fato a escala de F maior, com as seguintes notas:

1	2	3	4	5	6	7
F	G	A	Bb	C	D	E

Agora, o seu padrão de tons e semitons é: T T St T T T St.

Exemplo 4b:

Escala de F Maior

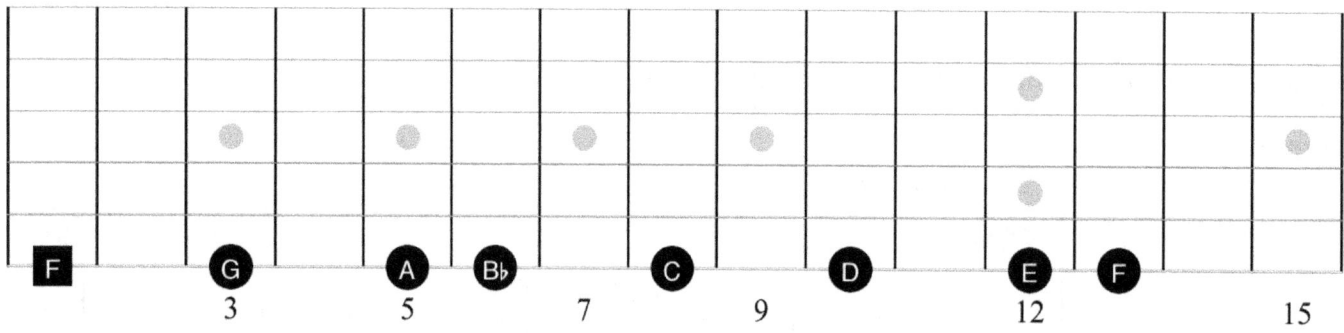

Assim, construímos uma escala maior, subindo uma quarta, na escala anterior (C maior), e abaixando em um semitom a quarta nota da nova escala. Esse movimento é a essência do Ciclo das Quartas e é como nos movemos entre várias tonalidades, quando seguimos *no sentido anti-horário*, em torno do Ciclo das Quintas. Agora, o nosso diagrama tem esse formato:

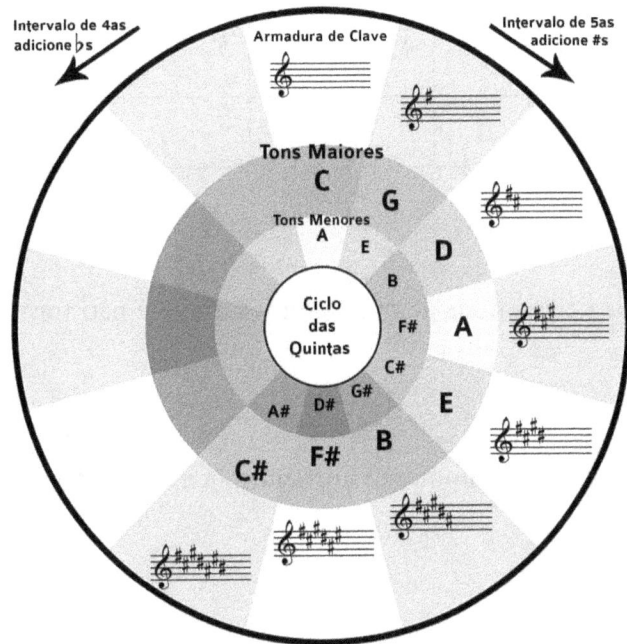

A escala relativa menor (escala construída com base na sexta de uma escala maior) da escala de F maior é a escala de D menor, portanto ela também foi adicionada ao diagrama acima.

Além disso, adicionei a armadura de clave das escalas de F maior/D menor ao diagrama. Tais escalas contêm apenas um bemol (a nota Bb), e as suas armaduras de clave têm essa forma, com o bemol:

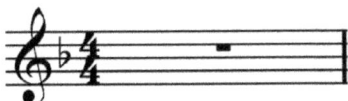

Agora, repetiremos o processo de identificar tonalidades e encontraremos as tonalidades e escalas no Ciclo da Quintas, partindo da tonalidade de F maior, porém iremos nos mover no sentido *anti-horário*.

Na escala de F maior, a nota Bb está uma quarta acima (ou uma quinta abaixo). Lembre-se que adicionamos a nota Bb à escala de F maior, no exemplo anterior.

1	2	3	4
F	G	A	Bb

Primeiro, construímos uma escala com a nota Bb:

1	2	3	4	5	6	7
Bb	C	D	E	F	G	A

Se verificarmos o padrão de tons e semitons acima, veremos que ele não forma uma escala maior. O padrão acima é:

T T T St T T St.

Para corrigi-lo, precisamos novamente diminuir em um semitom a quarta nota da escala. Neste caso, essa nota é a nota Eb:

1	2	3	4	5	6	7
Bb	C	D	Eb	F	G	A

Agora, o padrão de tons e semitons está correto e forma, de fato, uma escala maior (a escala de Bb maior):

Bb a C = T

C a D = T

D a Eb = St

Eb a F = T

F a G = T

G a A = T

A a Bb = St

Dessa forma, podemos adicionar a escala de Bb maior e a sua escala relativa menor (G menor) ao nosso diagrama.

Como você pode ver na tabela acima, as armaduras de clave das escalas de Bb maior/G menor contêm dois bemóis, os quais estão nas notas Bb e Eb. Note que eles são colocados na pauta musical na ordem em que aparecem no Ciclo das Quartas.

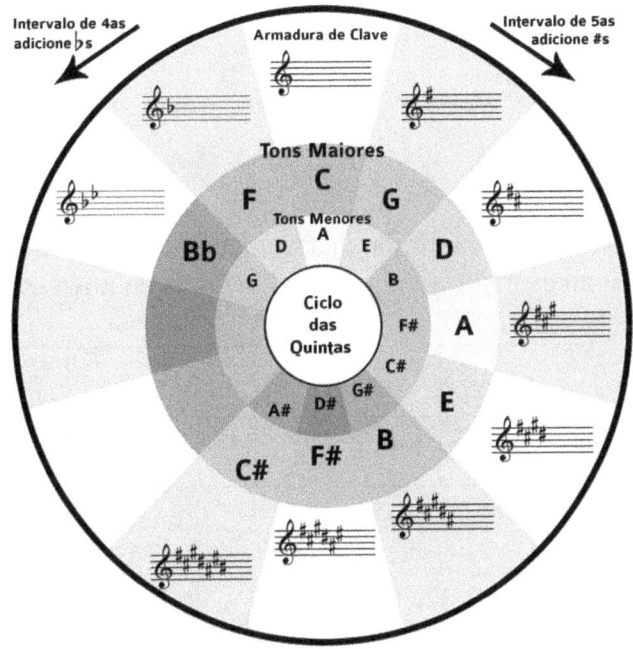

Vamos recapitular rapidamente a regra do Ciclo das Quartas.

- Você pode construir uma escala maior, a partir da quarta nota de uma escala anterior e abaixando em um semitom a quarta nota da nova escala.

Para completar facilmente o restante do Ciclo das Quintas, utilize o seguinte raciocínio:

A última escala que construímos foi a escala de Bb maior.

A quarta nota da escala de Bb maior é a nota Eb.

Portanto, construa a nova escala (Eb maior) a partir da nota Eb e abaixe em um semitom a quarta nota:

1	2	3	4	5	6	7
Eb	F	G	Ab	Bb	C	D

A escala relativa menor (construída a partir da sexta nota), da escala acima, é a escala de C menor.

A armadura de clave da escala de Eb maior contém três bemóis, os quais são colocados na ordem em que aparecem no Ciclo das Quintas.

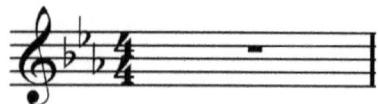

A próxima escala/tonalidade construída a partir da quarta nota da escala de Eb maior é a escala de Ab maior. Monte a escala de Ab maior e abaixe em um semitom a quarta nota da nova escala:

1	2	3	4	5	6	7
Ab	Bb	C	Db	Eb	F	G

A escala relativa menor da escala de Ab maior é a escala de F menor.

Continue seguindo esse processo e complete o Ciclo das Quintas com as escalas/tonalidades faltantes.

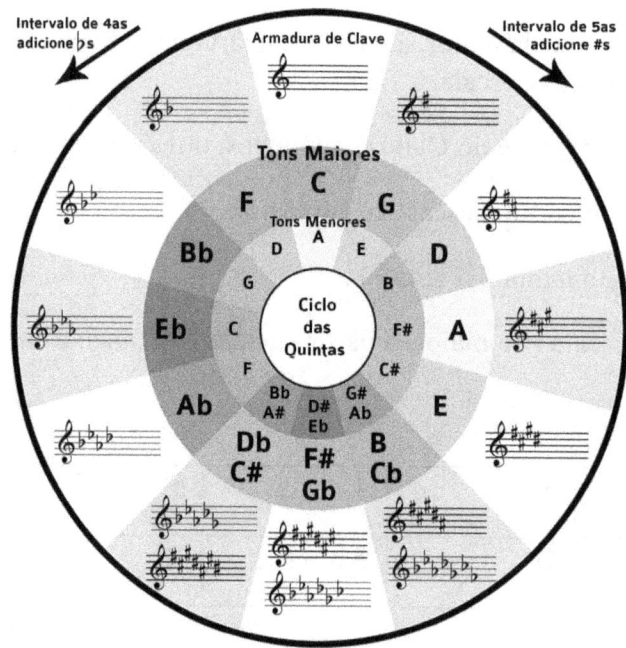

Note que, quando nos movemos em quartas, a próxima escala será sempre construída com base na nota da escala anterior, a qual foi abaixada em um semitom.

Por exemplo, na escala de F maior, a nota que abaixamos em um semitom foi a nota Bb. Logo, a próxima escala no Ciclo das Quartas será a escala de Bb maior.

Por enquanto, não se preocupe com o fato de haver duas tonalidades na parte inferior do Ciclo das Quintas. Isso será explicado em breve.

A Ordem dos Bemóis

Assim como com os sustenidos, os bemóis também possuem um padrão específico.

À medida que nos movemos *no sentido anti-horário em* torno do Ciclo das Quartas, a partir da tonalidade de C maior, sempre adicionamos um bemol à quarta nota de cada escala seguinte. Isso significa que a ordem em que os bemóis aparecem é *sempre a mesma*, se nos movermos no sentido anti-horário, através das tônicas, ou centros tonais.

Portanto, uma das coisas mais úteis que você pode fazer é memorizar a seguinte sequência de bemóis:

Bb, Eb, Ab, Db, Gb, Cb, Fb

Você também pode utilizar a frase a seguir, como mnemônico:

Bruno **E** **A**manda **D**irigindo **G**astam **C**ombustíveis **F**ósseis.

Observe que a ordem dos bemóis, B E A D G C F, é o oposto da ordem dos sustenidos, F C G D A E B, o que faz todo sentido, como você verá na seção "'Movendo-se em Ambas as Direções no Ciclo das Quintas", mais adiante.

Ademais, há uma forma bem útil de memorizar o número de bemóis em cada escala, utilizando as notas das duas primeiras casas, no braço da guitarra; embora esse sistema não seja tão agradável esteticamente, como o sistema dos sustenidos. Em primeiro lugar, certifique-se de memorizar os nomes e localizações das notas a seguir:

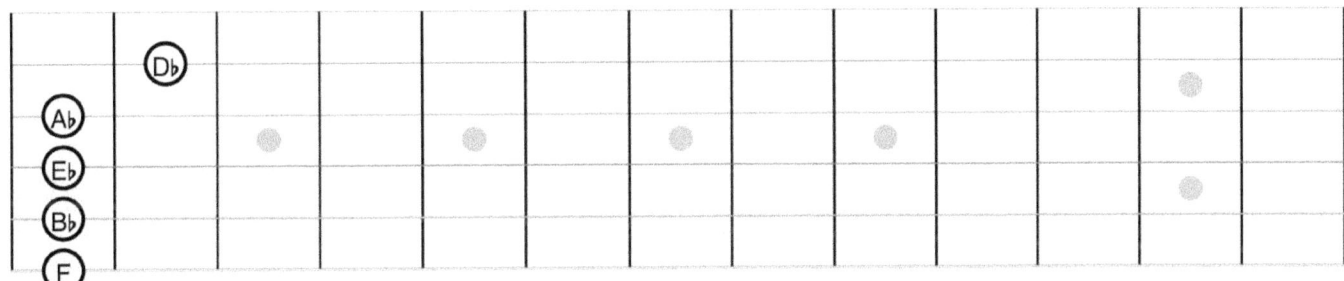

Depois, memorize o padrão de números a seguir, que corresponde ao número de bemóis de cada escala:

Observe que os números aumentam, à medida que você se move através das cordas (a guitarra em questão está afinada em quarta). Se você memorizar as notas do braço da guitarra (diagrama superior) e o padrão do diagrama anterior, você saberá sempre o número de bemóis nas escalas mais comuns com bemóis.

Por exemplo, a nota Ab corresponde ao número 4, logo sabemos que há quatro bemóis na escala de Ab maior.

Escalas Enarmônicas

Você notará que cada uma das três tonalidades, na parte inferior do Ciclo das Quintas, têm dois nomes e duas armaduras de clave. Não entre em pânico! Isso é fácil de explicar, uma vez que você entenda como funcionam as notas *enarmônicas*.

A palavra "enarmonia" é apenas uma maneira elegante de dizer "dois nomes".

Talvez você já saiba os nomes de algumas notas enarmônicas. Por exemplo, a nota C# é idêntica à nota Db:

C# / Db

Subir um semitom a partir da nota C é o mesmo que *descer* um semitom a partir da nota D.

Em outras palavras, se adicionarmos um sustenido à nota C, obteremos a nota C#, e se adicionarmos um bemol à nota D, obteremos a nota Db.

As notas C# e Db são a mesma nota.

Outros pares de notas enarmônicas são:

D# e Eb

F# e Gb

G# e Ab

A# e Bb

A distância entre as notas E – F é de apenas um semitom, logo é muito raro vermos as notas E# ou Fb.

A distância entre as notas B – C é de apenas um semitom, logo é muito raro vermos as notas B# ou Cb.

No entanto, essas notas existem teoricamente, e você compreenderá o porquê, quando você observar como é formado o Ciclo das Quintas. Se nos movermos por tempo o bastante em qualquer direção no Ciclo das Quintas, chegaremos em escalas onde *todas* as suas notas possuirão sustenidos ou bemóis.

De fato, você verá que a razão pela qual a escala de F# maior contém a nota E# é porque a nota E é a sétima nota dessa escala, e tal nota precisa sempre ser aumentada, de forma que haja um semitom entre a sétima nota da escala e a tônica (como você viu no capítulo três).

A escala de C# maior contém as ambas as notas, E# e B#, pela mesma razão.

Ademais... Vamos refletir um pouco! A escala de C maior não contém sustenido algum, portanto, para construir a escala de C# maior, devemos adicionar um sustenido a *cada* nota dessa última escala!

No entanto, encontrar escalas que possuam esse número gigantesco de sustenidos e bemóis é muito raro, por uma série de razões.

Em primeiro lugar, por que você escreveria uma peça musical na tonalidade de C# maior, se é possível escrevê-la em uma tonalidade mais comum, como a tonalidade de C maior ou D maior, as quais são bem mais fáceis de ler? Se alguém lhe mostrar uma peça musical composta na tonalidade de F# maior ou C# maior, é possível que você queira ter um papo em particular com essa pessoa!

Em segundo lugar, podemos utilizar escalas enarmônicas para simplificar uma armadura de clave complexa.

Sabemos que a nota C# é idêntica à nota Db, logo, se você for compor algo, por que não compor na tonalidade de Db maior, em vez da tonalidade de C# maior? Particularmente, prefiro ver cinco bemóis em uma armadura de clave, em vez de sete sustenidos.

As três tonalidades na parte inferior do Ciclo das Quintas apresentam duas formas de comunicar exatamente a mesma coisa. Por exemplo, as notas da escala de C# maior são idênticas às notas da escala de Db maior.

Observe as notas enarmônicas, na tabela abaixo, as quais ilustram esse assunto tão importante:

Escala	1	2	3	4	5	6	7
C# Maior	C#	D#	E#	F#	G#	A#	B#
Db Maior	Db	Eb	F	Gb	Ab	Bb	C

Teoricamente, você pode usar a teoria das notas enarmônicas, para mover-se indefinidamente ao redor do Ciclo das Quintas em qualquer direção, mas na prática isso se torna muito complexo, após as tonalidades de F# e Gb.

Geralmente, o lado esquerdo do Ciclo das Quintas é utilizado para fazer referência às escalas com bemóis, enquanto o lado direito é usado para fazer referência às escalas com sustenidos.

Movendo-se em Ambas as Direções no Ciclo das Quintas

Uma última coisa importante a notar é que, se você estiver no lado dos "sustenidos" (lado direito do Ciclo das Quintas) e quiser mover-se no sentido anti-horário (por exemplo, de A maior para D maior), basta que você inverta o processo que você utilizou para construir a escala de A maior, a partir da quinta da escala de D maior.

Para ir da escala de A maior para a escala de D maior, *desça* uma quinta (ou suba uma quarta) e remova o sustenido (descer um semitom) adicionado anteriormente (G#).

Para ir da escala de G maior para a escala de C maior, *desça* uma quinta (ou suba uma quarta) e remova o sustenido (descer um semitom) adicionado anteriormente (F#).

Cada vez que você se move no sentido anti-horário em torno do Ciclo das Quartas, você sobe uma quarta e desce em um semitom a sétima nota da escala inicial (a sétima na escala de G maior é a nota F#).

Esse processo continua a funcionar, mesmo após você passar pela tonalidade de C maior.

Suba uma quarta (F) na escala de C maior e desça em um semitom a sétima dessa escala (a sétima na escala de C maior é a nota B).

Com exceção da nota Bb, verifique se a escala de F maior possui as mesmas notas da escala de C maior.

O movimento no sentido anti-horário da escala de F maior à escala de Bb maior utiliza o mesmo processo.

A quarta na escala de Bb maior é a nota Eb.

A escala de Bb maior contém todas notas da escala de F maior, com exceção da nota Eb. (A sétima na escala de F maior é a nota E).

Logo, temos a seguinte regra:

- Para mover-se no sentido anti-horário a partir de *qualquer ponto* do Ciclo das Quartas, suba uma quarta e desça em um semitom a nota final da escala em questão.

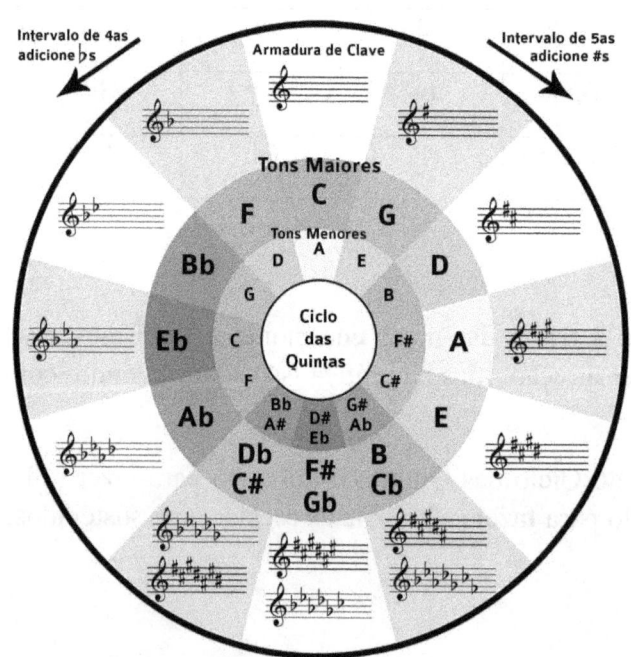

Não se esqueça que quando você desce em um semitom uma nota com sustenido (#), como a nota G#, tal nota se torna uma nota *natural*, ou seja, a nota G# se torna a nota G.

Esse procedimento funciona quando desejamos nos mover *no sentido horário* a partir do lado com *bemóis* (lado esquerdo) no Ciclo das Quintas. Por exemplo, ir da tonalidade de Ab maior para a tonalidade de Eb maior.

Quando nos movemos no sentido horário, a partir do lado com bemóis do Ciclo das Quintas, subimos sempre uma quinta e aumentamos em um semitom a última nota que foi abaixada em um semitom.

Por exemplo, para irmos da escala de Ab maior para a de Eb maior:

Sabemos que a quinta na escala de Ab maior é a nota Eb, a qual forma a escala de Eb maior.

Assim, aumente em um semitom a última nota que descemos (Db) na armadura de clave da escala de Ab maior.

Agora temos a escala/tonalidade de Eb maior.

Lembre-se que a nota a qual descemos um semitom, quando nos movemos no sentido anti-horário, a partir da tonalidade de C maior, é sempre a quarta de uma escala. Logo, essa é a nota a qual devemos aumentar em um semitom, quando nos movemos no sentido horário no Ciclo das Quintas.

Utilizando esse raciocínio, podemos continuar movendo-nos no sentido horário, e construir, por exemplo, a escala de G maior, a partir da escala de C maior.

A quinta na escala de C maior é a nota G.

Aumente em um semitom a quarta (F) da escala de C maior, para criar a nota F#, necessária para a construção da escala de G maior.

Os dois métodos descritos acima representam apenas algumas das várias formas possíveis de se mover entre as escalas. Apesar de serem bastante úteis às vezes, eles podem parecer confusos no início. À medida que você for se familiarizando com o Ciclo das Quintas, você começará a descobrir naturalmente e por si mesmo pequenos truques como esses.

De modo geral, lembre-se das seguintes regras:

- Para mover-se no sentido horário: suba uma quinta e adicione um sustenido.
- Para mover-se no sentido anti-horário: suba uma quarta e remova um sustenido.

Como Utilizar o Ciclo das Quintas

Nesse momento, você deve ter um bom entendimento das seguintes ideias:

- O Ciclo das Quintas é capaz de mostrar-nos notas de qualquer escala maior ou menor.
- O Ciclo das Quintas move-se tanto no sentido horário quanto anti-horário (Ciclo das Quartas).
- Se nos movermos no sentido horário, a partir da tonalidade de C maior, teremos escalas com sustenidos.
- Para mover-se no sentido horário, construa uma escala a partir da quinta da escala anterior e aumente em um semitom a sétima da nova escala.

- Se nos movermos no sentido anti-horário, a partir da tonalidade de C maior, teremos escalas com bemóis.
- Para mover-se no sentido anti-horário, construa uma escala a partir da quarta da escala anterior e abaixe em um semitom a quarta da nova escala.

No entanto, você pode estar perguntando-se: "Qual a utilidade de saber tudo isso?!".

Essa é uma boa pergunta, pois de fato o Ciclo das Quintas é uma ferramenta completamente teórica. Ele simplesmente nos diz quais notas fazem parte de uma determinada escala.

Se você estiver compondo uma música, e o vocalista estiver limitado a uma extensão vocal qualquer, o Ciclo das Quintas pode ser muito útil.

Se um vocalista lhe disser: "Eu só posso cantar na tonalidade de E maior", tudo que você precisa fazer é consultar o Ciclo das Quintas e ver quais notas estão nessa tonalidade.

A escala de E maior tem quatro sustenidos (F#, C#, G#, D#), logo as notas dessa escala são:

E F# G# A B C# D#

Lembre-se que o último sustenido da sequência (D#) está sempre em um semitom abaixo da tônica (neste caso, a nota E).

Assim, além de nos dizer rapidamente as armaduras de clave e as notas de qualquer escala/tonalidade maior ou menor, o que o Ciclo das Quintas pode fazer por nós?

Bem, na verdade, o Ciclo das Quintas é uma ferramenta de consulta muito importante na *composição* de músicas.

Como você provavelmente já sabe, uma música muitas vezes muda de tonalidade ou de *modulação*. A questão é que, se uma música mudar para uma tonalidade que não está relacionada à sua tonalidade anterior, tal mudança pode soar óbvia demais e até um pouco desajeitada.

No entanto, uma mudança de tonalidade muito óbvia pode ser, às vezes, exatamente o seu objetivo, pois mudanças bruscas de tonalidade frequentemente adicionam um grande efeito a uma música.

Para escutar algumas poderosas mudanças de tonalidade, confira as músicas: *After the Love Has Gone*, do Earth Wind and Fire, *My Generation*, do The Who, *Stand*, do R.E.M., ou mesmo *I Will Always Love You*, da Whitney Houston.

Sem dúvida, a melhor mudança de tonalidade na guitarra rock está presente na faixa *Livin' on a Prayer*, do Bon Jovi, onde a tonalidade sobe uma terça menor! Ouça essa faixa do início ao fim.

No entanto, nem sempre desejamos que a modulação seja tão óbvia, e muitos compositores (especialmente os primeiros compositores clássicos e barrocos, como Bach, Handel e Mozart) procuram fazer com que as suas mudanças de tonalidades sejam tão suaves, a ponto de quase não serem notadas pelo ouvinte. Eles desejam levar o público a uma viagem musical, na qual ele *sinta* sensações, em vez de estar consciente delas. Para atingir tal objetivo, eles fazem, regularmente, pequenas modulações, ajustando apenas uma ou duas notas nas escalas ou na harmonia que estão usando, para compor uma determinada música.

Como já sabemos, mover-se pelo Ciclo das Quintas em qualquer direção nos mostra como podemos, ajustando apenas uma nota, irmos para uma escala relacionada à outra qualquer.

Agora, olhe para o Ciclo das Quintas e concentre-se na escala de A maior (ela contém 3 sustenidos).

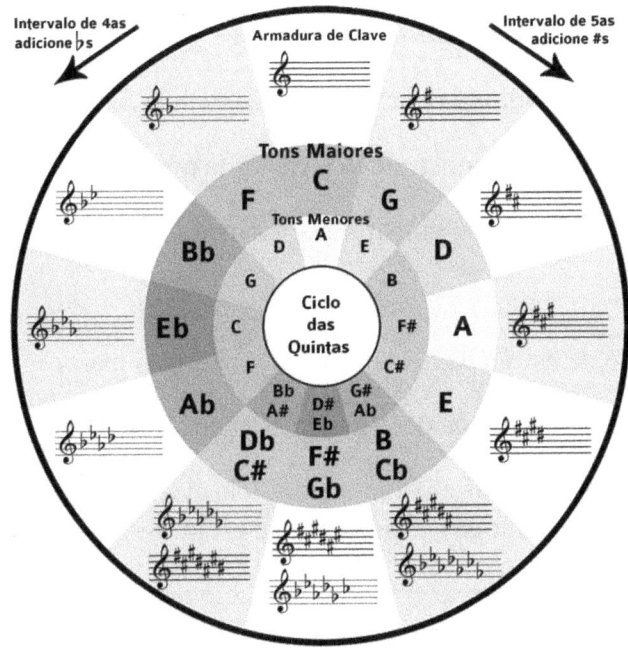

Para quais escalas/tonalidades podemos ir, mudando apenas uma nota?

Se você respondeu "duas", está quase certo. De fato, podemos remover ou adicionar um sustenido para irmos para as escalas relativas de D maior e E maior, mas não se esqueça das escalas relativas menores! Na verdade, há sempre *cinco* escalas relativas que podemos alcançar, a partir de uma tônica, apenas nos movendo através do Ciclo das Quintas, no sentido horário ou anti-horário.

Podemos utilizar:

- A escala relativa menor da escala atual.
- A escala seguinte (sentido horário) e a sua escala relativa menor.
- A escala anterior (sentido anti-horário) e a sua escala relativa menor.

Logo, a partir da tonalidade de A maior, podemos suavemente nos mover para as tonalidades de:

F# Menor

E Maior

C# Menor

D Maior

B Menor

Quatro dessas tonalidades possuem apenas uma nota de diferença da tonalidade original de A maior. Além disso, nós realmente não tivemos que mudar nota *alguma* para irmos para a tonalidade de F# menor.[1]

---

[1]. Na prática, a escala menor natural da escala relativa menor é raramente utilizada. Em vez disso, é mais comum, na composição de melodias e harmonias, a utilização das escalas menor melódica e menor harmônica. Essas duas escalas possuem mais sustenidos e bemóis, porém o seu estudo está fora do escopo deste livro.

Algumas formas de descrever as mudanças de tonalidade:

Na música, você frequentemente encontrará os termos: *Dominante* e *Subdominante*.

- Acordes (ou escalas) dominantes são construídos a partir da quinta de uma escala.
- Acordes (ou escalas) subdominantes são construídos a partir da quarta de uma escala.

Logo:

O acorde (ou escala) dominante na escala de A maior é o acorde de E maior.

O acorde (ou escala) subdominante na escala de A Maior é o acorde de D maior.

Quando nos movemos no sentido horário em torno do Ciclo das Quintas, construímos sempre uma nova escala, a partir da nota dominante (quinta) da escala em que estamos.

Quando nos movemos no sentido anti-horário em torno do Ciclo das Quintas, construímos uma nova escala, a partir na nota subdominante (quarta) da escala em que estamos.

Às vezes, você ouvirá músicos dizerem coisas que parecem complexas, como: "faça uma modulação para a subdominante".

Nesse caso, isso significa que devemos mudar de tonalidade, indo para uma escala construída com base na quarta de outra escala, ou que simplesmente devemos nos mover uma tonalidade no sentido anti-horário.

Um exemplo disso seria a mudança da tonalidade de A maior para D maior.

Você também pode ouvir algo como: "O compositor fez uma modulação para a escala relativa menor da dominante".

Isto significa simplesmente que o compositor fez uma mudança de tonalidade para uma escala relativa menor, a partir de uma escala construída a partir de uma quinta. Ou seja, o compositor simplesmente se moveu um tom no sentido horário no Ciclo das Quintas e utilizou uma escala relativa menor, em vez de uma escala maior.

Por exemplo, se estivéssemos na escala de A maior, a escala dominante seria a de E maior (a quinta); e, na escala de E maior, a escala relativa menor é a escala de C# menor. Portanto sabemos que o compositor foi da escala de A maior para a escala de C# menor.

Aplique o raciocínio acima no Ciclo das Quintas, para certificar-se de ter entendido toda essa terminologia.

Alguns músicos têm o hábito de utilizar palavras difíceis para confundir os leigos. No entanto, uma vez que você entenda pontos importantes da terminologia musical, você verá que se comunicar musicalmente não é de fato tão difícil quanto parece.

Uma explicação detalhada sobre o processo real de mudanças de tonalidade exigiria por si só todo um livro (longo, por sinal), o que infelizmente está fora do escopo desta obra, que foca no Ciclo das Quintas.

No entanto, para que você aumente a sua criatividade, a seguir há uma visão geral e ampla de como todo esse processo funciona.

Para montarmos acordes a partir de escalas, simplesmente juntamos três ou mais notas de uma escala. Normalmente, estas notas são uma terça e uma quinta, a partir da tônica de uma determinada escala.

Por exemplo, na escala de A maior:

1	2	3	4	5	6	7
A	B	C#	D	E	F#	G#

Exemplo 4c:

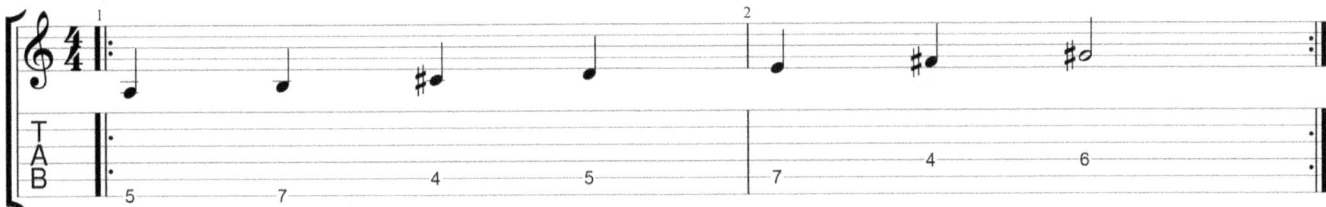

Para harmonizar a primeira nota (A), utilizamos uma terça e uma quinta acima (C# e E, neste caso).

Portanto, o primeiro acorde na tonalidade de A maior contém as notas A, C# e E. Essas notas formam o acorde de A maior.

Para harmonizar a segunda nota (B), utilizamos novamente a terça e a quinta, acima da tônica. Dessa forma, o segundo acorde na tonalidade de A maior contém as notas: B, D e F#. Esse é o acorde de B menor.

(Acordes maiores possuem dois tons de distância entre a tônica e a terça, enquanto acordes menores possuem 1 tom e meio de distância entre a tônica e a terça).

Continuando esse processo, obtemos os seguintes acordes, na tonalidade de A maior:

A Maior:

Número do Acorde	Acorde	Notas
1	A Maior	A C# E
2	B Menor	B D F#
3	C# Menor	C# E G#
4	D Maior	D F# A
5	E Maior	E G# B
6	F# Menor	F# A C#
7	G# Diminuto	G# B D

Podemos tocar esses acordes na guitarra da seguinte maneira:

Exemplo 4d:

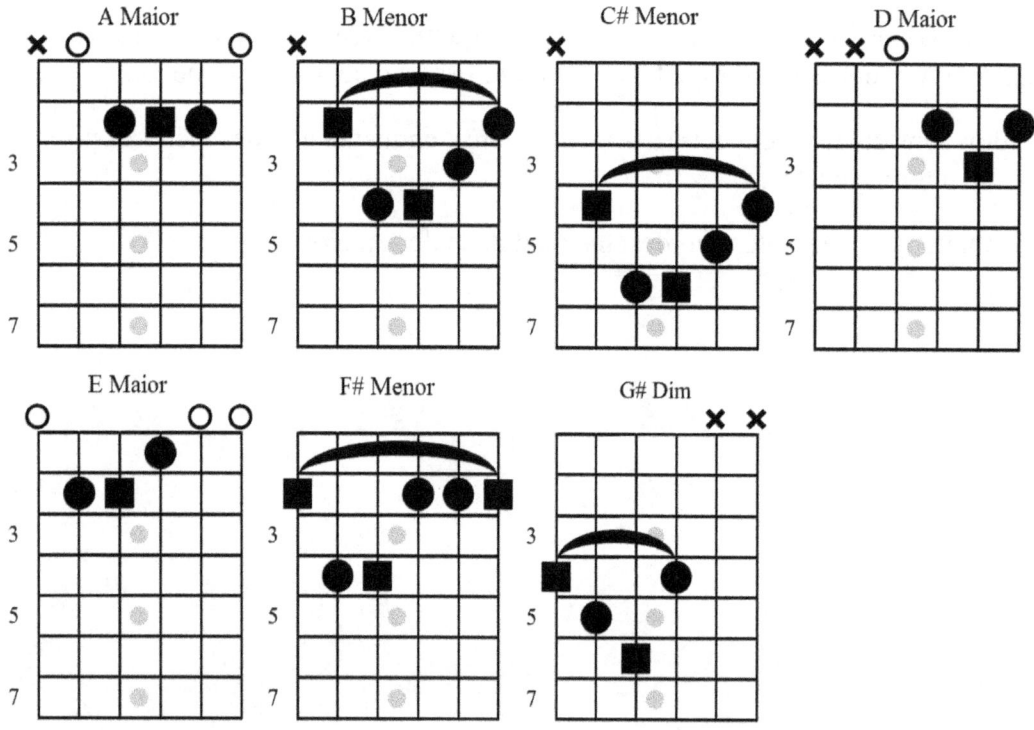

A coisa mais importante que você deve saber, ao mudar de tonalidade, é que cada uma das cinco tonalidades relativas, mencionadas anteriormente, contém alguns acordes que estão presentes na escala de A maior e outros acordes que são diferentes.

Isso não deve ser uma surpresa, visto que já sabemos que há apenas uma nota (D#) diferente entre essas duas escalas.

Por exemplo, aqui estão os acordes da escala de E maior (a escala dominante na escala de A maior).

E Maior:

Número do Acorde	Acorde	Notas
1	E Maior	E G# B
2	F# Menor	F# A C#
3	G# Menor	G# B D#
4	A Maior	A C# E
5	B Maior	B D# F#
6	C# Menor	C# E G#
7	D# Diminuto	D# F# A

Exemplo 4e:

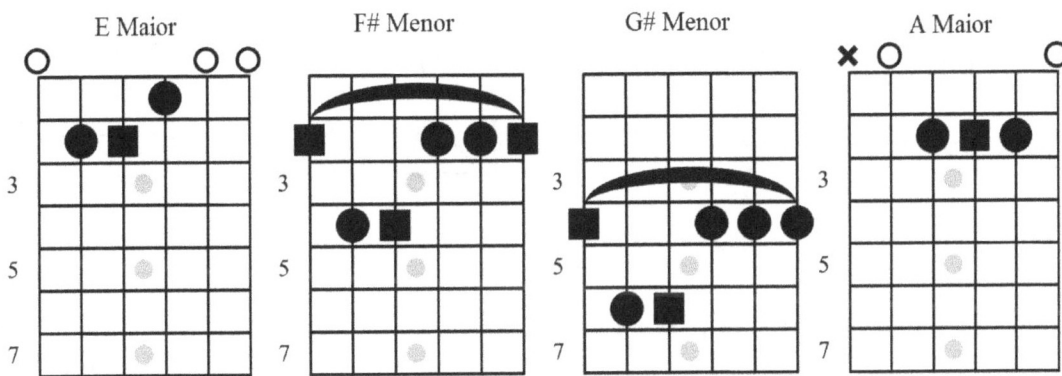

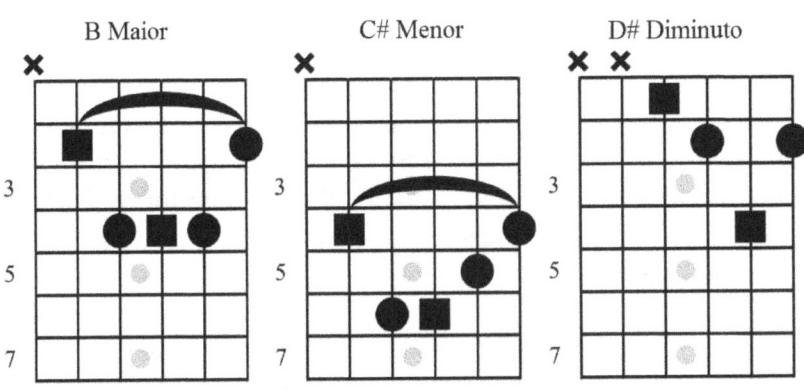

As escalas de A maior e E maior têm na realidade quatro acordes em comum e apenas três acordes que são diferentes.

Acorde número 1 da escala de A maior é igual ao acorde número 4 da escala de E maior.

Olhe as tabelas acima para observar quais acordes as duas escalas têm em comum e quais acordes são diferentes.

Na verdade, como nós só mudamos uma nota (a nota D se tornou a nota D#) entre essas duas tonalidades, faz sentido que apenas os acordes que contêm a nota D, na escala de A maior, sejam modificados, quando nos movemos para a escala de E maior.

Aqui está um exemplo musical simples que utiliza o Ciclo das Quintas para fazer *duas* modulações, a partir da escala de A maior:

Exemplo 4f:

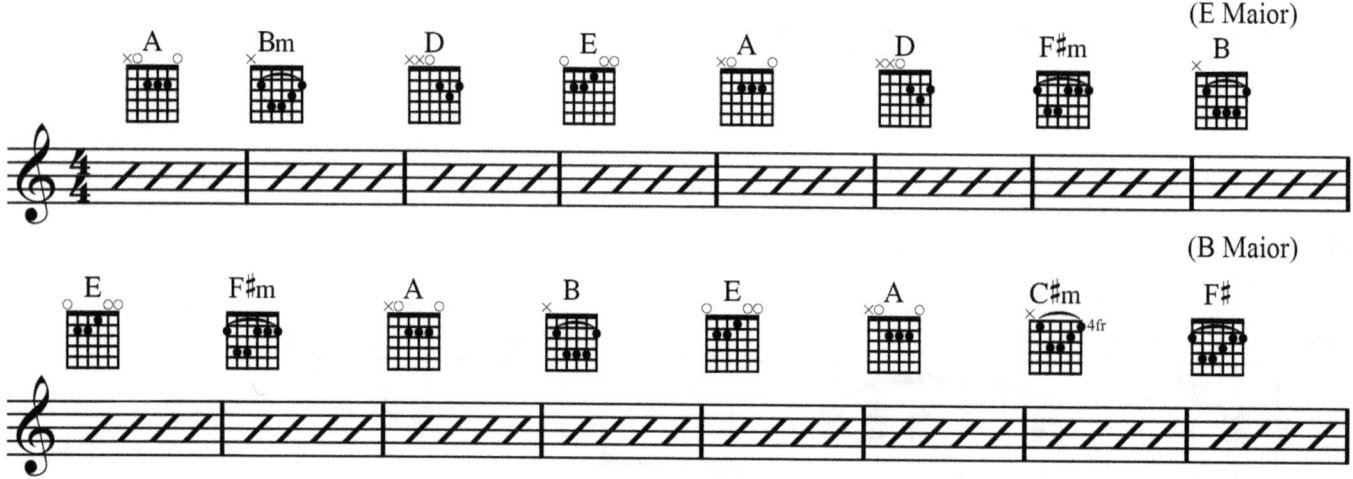

O exemplo começa na tonalidade de A maior e lá permanece pelos sete primeiros compassos. O acorde B maior é utilizado para marcar um movimento claro para o acorde de E maior no compasso oito (o acorde de B maior é o acorde nº 5 na escala de E maior e é o primeiro acorde tocado que não existe na escala de A maior).

E o acorde de F# menor, seria ele o nº 2 na escala de E maior ou o nº 6 na escala de A maior?! Bem, ele é ambas as coisas! — Neste exemplo, o acorde F# menor é o acorde pivô, utilizado para mudarmos de tonalidade.

Os próximos oito compassos repetem exatamente a mesma progressão de acordes, mas desta vez na tonalidade de E maior. No compasso dezesseis, o acorde de F# maior desempenha a mesma função que o acorde de B maior desempenhou no compasso oito. O acorde de F# maior *não* existe na tonalidade anterior de E maior. Nessa tonalidade, o acorde nº 5 é o acorde de B maior. (Adicione o acorde de B maior ao final da sequência acima, para ouvir como a modulação "resolve" na nova tonalidade).

Tal como ocorreu com o acorde de F# menor no compasso sete, o acorde de C# menor no compasso quinze é o nosso acorde pivô. Ele existe em ambas as tonalidades de E maior (acorde nº 6) e de B maior (acorde nº 2). Ele é tocado antes do acorde de B maior no compasso dezesseis, para "suavizar o caminho" da modulação para o acorde dominante.

Novamente, essa progressão de acordes foi modulada em uma tonalidade no *sentido horário* em torno do Ciclo das Quintas.

O movimento entre as tonalidades foi:

A – E – B. Certifique-se de ser capaz de identificar isso no Ciclo das Quintas.

Essa ideia com "acordes pivôs" funciona da mesma forma, quando a aplicamos a qualquer uma das cinco tonalidades relativas.

Por exemplo, se nos movermos no sentido anti-horário em torno do Ciclo das Quintas, a partir da tonalidade de A maior e fizermos uma modulação para a tonalidade subdominante de D maior, a ideia acima continua a funcionar.

Consulte novamente o Ciclo das Quintas e você verá que apenas uma nota sofre alteração, entre a escala de A maior e D maior. A nota G# da escala de A maior se torna a nota G natural na escala de D maior. (Lembre-se, quando nos movemos no sentido anti-horário ao redor do Ciclo das Quintas, nós removemos um sustenido da armadura de clave).

Escala de A Maior:

1	2	3	4	5	6	7
A	B	C#	D	E	F#	G#

Escala de D Maior:

1	2	3	4	5	6	7
D	E	F#	G	A	B	C#

Quando vamos da tonalidade de A maior para a de D maior, somente sofrem alterações, na escala de D maior, os acordes que contêm a nota G# na escala de A maior. Mais uma vez temos quatro acordes idênticos e três acordes diferentes, entre as duas tonalidades.

D Maior:

Número do Acorde	Acorde	Notas
1	D Maior	D F# A
2	E Menor	E G B
3	F# Menor	F# A C#
4	G Maior	G B D
5	A Maior	A C# E
6	B Menor	B D F#
7	C# Diminuto	C# E G

Utilize os desenhos de acordes acima, para tocar os acordes da escala de D maior harmonizada.

Mais uma vez, compare a tabela acima referente aos acordes da escala de A maior, para ver quais acordes mudaram e quais continuam os mesmos.

Por exemplo, acorde nº 6 na escala de D Maior é o mesmo que o acorde nº 2, na escala de A Maior.

Aqui está um exemplo simples que mostra uma modulação que vai da tonalidade de A maior para a de D maior. Veja se você consegue identificar o primeiro acorde que existe na tonalidade de D maior, mas não na tonalidade de A maior, e observe o acorde pivô, que precede a mudança de tonalidade.

Exemplo 4g:

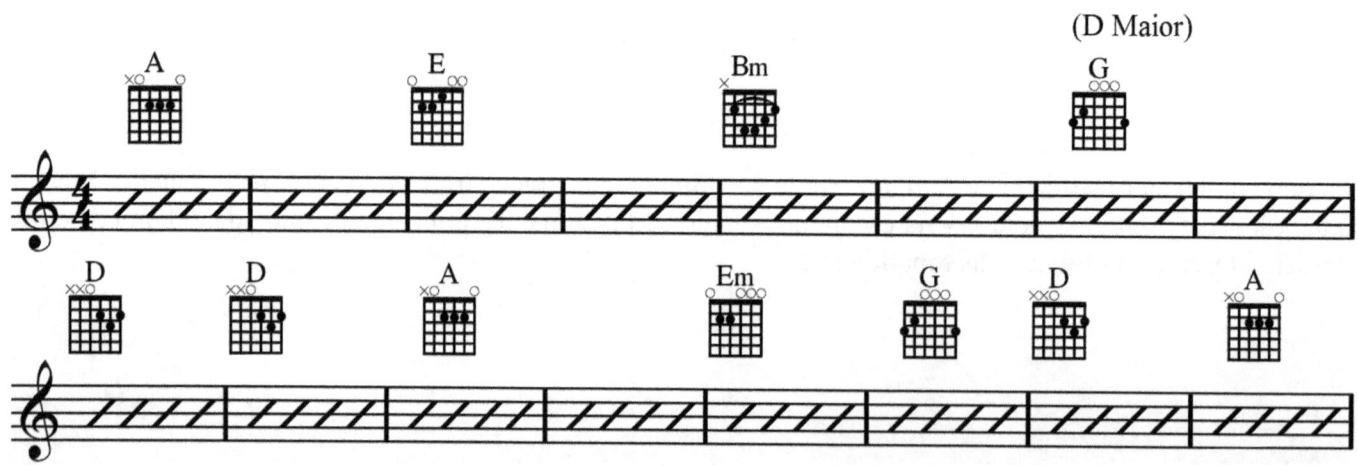

No exemplo acima, a mudança para a tonalidade de D maior é anunciada no compasso sete pelo acorde de G maior. Tal acorde é o nº 4 na escala de D maior, porém não existente na escala inicial de A maior. O acorde de B menor é o acorde pivô e está presente em ambas as tonalidades. O acorde de B menor é o acorde nº 2 na escala de A maior e o acorde nº 6 na escala de D maior.

Resumo, em dois parágrafos, de todo esse complexo tema de modulação:

Os compositores, quando desejam mudar de tonalidade, utilizam o Ciclo das Quintas para encontrar todos os acordes que são idênticos e diferentes entre duas tonalidades específicas. Os acordes idênticos são chamados de *pivôs*, pois são utilizados como "eixos" na modulação, para executar uma mudança de tonalidade. Por exemplo, poderíamos utilizar o acorde de B menor (acorde nº 6 na escala de D maior) para atuar como pivô ou "ponte", entre as tonalidades de D maior e A maior, pois ele é *também* o acorde nº 2 na escala de A maior.

O ouvinte, em geral, nem mesmo percebe a mudança de tonalidade, *até* que surja um acorde (ou nota melódica) na escala de A maior que seja diferente de qualquer um dos acordes (ou notas) da escala de D maior. Por exemplo, o acorde de E maior é um acorde muito importante na escala de A maior, mas não existe na escala de D maior. Quando o ouvinte percebe o acorde de E maior, ele ouve uma nova nota (G#) e percebe que algo mudou. Tal mudança é a modulação executada a partir da escala de D maior.

A modulação é um assunto enorme e complexo que é pouco ensinado, inclusive em cursos de graduação, portanto não se preocupe se você ficar com algumas dúvidas, após essa pequena explicação! A ideia deste livro é mostrar que o Ciclo das Quintas é guia de consulta importante, para dizer-nos não só como cada escala e tonalidade são construídas, mas também para nos dizer como as escalas estão *relacionadas*.

O segredo para você alcançar um bom entendimento do Ciclo das Quintas é praticar a sua construção, desde o início. Junto dos áudios de exemplo, incluí um diagrama vazio do Ciclo das Quintas, para que você possa imprimi-lo e utilizá-lo para colocar em prática esse conceito tão importante na música.

Você pode baixar esses arquivos em:

www.fundamental-changes.com (o diagrama está junto dos áudios de exemplo deste livro).

A única maneira verdadeira de aprender e compreender música é praticando e estudando. Pegue um lápis e pratique a construção do Ciclo das Quintas, até que você o entenda completamente.

Divirta-se!

Joseph

www.ingramcontent.com/pod-product-compliance
Lightning Source LLC
LaVergne TN
LVHW061255060426
835507LV00020B/2330

9 781789 331745